UN GRAND
week-end

LONDRES

GW00801704

Hampstead Heath

LONDRES

À 2 h 15 de train de Paris, quelques heures en avion depuis de très nombreuses villes françaises, comment résister à l'appel de Londres ? La capitale de la Grande-Bretagne n'a jamais semblé aussi proche et aussi familière. Pourtant, en quelques jours, le dépaysement est là, inattendu. Quelle ville mieux que Londres mêle traditions et élégance *British* aux styles les plus excentriques, aux architectures les plus visionnaires ? Visites incontournables, lieux secrets, expériences insolites... le guide Un Grand Week-end vous ouvre toutes les portes de la capitale britannique.

Quartier de Westminster

Journaliste et auteur de guides de voyage, **Céline Fion** ne manque aucune occasion de traverser la Manche. Entre découvertes de nouvelles adresses branchées et balades hors du temps, elle tente de percer le mystère de cette ambiance, à la fois flegmatique et délicieusement fantasque, qui rend la ville irrésistible.

Jérôme Plon, est à la fois réalisateur et photographe, notamment pour la collection Un Grand Week-end. À Londres, il ne se lasse pas de redécouvrir des quartiers qui se réinventent sans cesse, il apprécie particulièrement le rythme de cette ville-monde et l'effervescence de sa scène musicale.

   Un Grand Week-end
sur les réseaux sociaux

Suivez-nous sur *Facebook*, *Twitter* et *Instagram* **@Ungrandweekend**

Vous y trouverez nos photos coups de cœur, nos expériences uniques et surtout une réponse personnalisée à toutes vos questions.

Et si vous y contribuiez ? Nous aimons beaucoup voir nos guides en voyage : postez une photo de votre guide en situation et taguez-nous, nous partagerons les plus belles et récompenserons régulièrement les plus appréciées.

2020 Les expos
À NE PAS MANQUER

Paul Gauguin, *Vahine no te vi* (1892)

NATIONAL GALLERY

➡ Gauguin : Portraits

Comment renouveler le regard que nous portons sur l'œuvre de Paul Gauguin ? En explorant un seul genre, le portrait, cette exposition en collaboration avec le musée des Beaux-Arts du Canada, apporte un éclairage inédit sur la démarche esthétique de Gauguin. À travers différents thèmes (la Bretagne, les femmes l'autoportrait, Arles, les amis...), les 70 œuvres montrent à quel point l'artiste ignore les fonction conventionnelles du portrait pou projeter sur ses modèles ses propres fictions et sa conception de la création artistique.

Jusqu'au 26 janvier 2020
Infos pratiques p. 53.

Artemisia

Après avoir fait l'acquisition de un de ses chefs-d'œuvre, la National Gallery célèbre Artemisia Gentileschi (1593- v. 1656) en réunissant 35 tableaux de la peintre baroque. Formée à Rome dans l'atelier de son père Orazio, un proche du Caravage, Artemisia est aujourd'hui reconnue comme l'une des artistes les plus talentueuses de l'école caravagesque. Son œuvre est caractérisée par la représentation de personnages féminins expressifs et puissants.

4 avril - 26 juillet 2020
Infos pratiques p. 53.

VICTORIA AND ALBERT MUSEUM

Mary Quant

Le monde ne serait certainement pas ce qu'il est sans l'apport de Mary Quant à la mode ! La rétrospective du V&A consacrée à la créatrice britannique emblématique du Swinging London se concentre sur les années 1955-1975 durant lesquelles Quant révolutionna la mode britannique et occidentale depuis sa petite boutique de King's Road à Chelsea. Son style léger et joyeux, ses modèles innovants (minijupes, blouses, robes tablier, etc.), ses gammes colorées et abordables feront la joie des jeunes femmes d'après-guerre en quête de liberté.

Jusqu'au 16 février 2020
Infos pratiques p. 93.

TATE MODERN

Olafur Eliasson

En 2003, avec *The Weather Project* Eliasson créait l'une des installations les plus populaires de la Tate Modern en illuminant le Turbine Hall d'un faux soleil. L'artiste dano-islandais revient cette année à Londres avec une rétrospective réunissant une quarantaine d'œuvres représentatives de sa carrière, chacune évoquant un domaine d'exploration cher à Eliasson : la nature, la lumière, la couleur, la géométrie, etc.

Jusqu'au 5 janvier 2020
Infos pratiques p. 86

NATIONAL PORTRAIT GALLERY

David Hockney : Drawing from Life

La première grande exposition consacrée aux dessins de David Hockney depuis 20 ans rassemble 150 œuvres des années 1950 à nos jours. À travers les représentations répétées de ses modèles favoris (sa mère, Laura Hockney, sa muse Celia Birtwell, et ses amis Gregory Evans et Maurice Payne), il expérimente librement divers styles et techniques. Parmi les autoportraits, on ne manquera pas ceux de l'artiste adolescent ou la série de portraits quotidiens réalisée en 1980.

27 février - 28 juin 2020
Infos pratiques p. 54.

Les incontournables
DE LONDRES

BUCKINGHAM PALACE

Si l'étendard royal flotte au-dessus du palais, c'est que la reine est là : allez la saluer ! Les appartements d'État ne se visitent qu'en été. En revanche, vous pourrez assister à la relève de la garde toute l'année. Voir p. 26.

WESTMINSTER ABBEY

L'abbaye de Westminster est le lieu de couronnement des souverains britanniques, mais c'est aussi une nécropole abritan les tombes de Dickens, Kipling ou encore celle de l'explorateur David Livingstone. Voir p. 31.

WESTMINSTER PALACE ET BIG BEN

Le palais de Westminster, que les Londoniens nomment House of Parliament, abrite les deux chambres du Parlement. C'est le cœur de la vie politique britannique : 3 000 personnes y travaillent. Mais c'est surtout pour son horloge, surnommée Big Ben, que le palais est connu. Voir p. 29.

TATE BRITAIN

La Tate Britain relate 500 ans d'art britannique à travers une vingtaine de salles. Des portraits élisabéthains aux superbes paysages de Turner en passant par les peintures violentes de Francis Bacon ou les excentricités de William Blake, il y en a pour tous les goûts. Voir p. 32.

TATE MODERN

Un temple de l'art moderne et contemporain qui fait dialoguer artistes, périodes, styles et médias dans une série d'accrochages thématiques très novateurs. Un de nos musées coup de cœur ! Voir p. 86.

CAMDEN

Prévoyez plusieurs heures de balade à Camden : boutiques psychédéliques, gothiques, vintage ou déco, vous tomberez forcément sous le charme de cette gigantesque caverne d'Ali Baba et de ses différents marchés. Voir p. 108.

HYDE PARK

Des pelouses à perte de vue idéales pour pique-niquer, un lac sur lequel faire de la barque aux beaux jours, la plus longue allée cavalière de Londres, des pistes cyclables, des cafés... les ressources de ce parc sont inépuisables. Voir p. 95.

PICCADILLY CIRCUS

Cœur vibrant de la capitale, passage obligé de tout séjour londonien, cette place grouille toujours de monde. Elle est connue entre autres pour ses panneaux publicitaires qui lui donnent un petit air new-yorkais. À voir de nuit ! Voir p. 36.

ST PAUL'S CATHEDRAL

Le dôme de la cathédrale Saint-Paul compte parmi les vues les plus emblématiques de Londres. Les plus courageux graviront les 530 marches permettant d'arriver à la galerie dorée. On a alors une vue superbe sur la City ! Voir p. 69.

VICTORIA AND ALBERT MUSEUM

Surnommé V&A par les Londoniens, cet immense musée nous conte 2 000 ans d'art et de design à travers une muséographie très ludique. Voir p. 93.

TOWER OF LONDON

Spectacle saisissant, la tour de Londres étale ses charmes romantiques en bordure de la Tamise. Attraction n° 1: les joyaux de la Couronne avec le célèbre Koh-i-Noor, un diamant de 105 carats. Voir p. 80.

BRITISH MUSEUM

Le plus grand musée du monde est un labyrinthe où l'on se perd parmi les trésors de l'humanité. Que l'on préfère flâner en glanant des étincelles de génie artistique ou s'immerger dans une civilisation pour en découvrir toutes les facettes, la visite est un voyage à travers les âges et les continents. Voir p. 60.

TOWER BRIDGE

Voilà plus de 120 ans que la silhouette néogothique du Tower Bridge enjambe la Tamise et fascine avec son pont basculant. Grimpez jusqu'à la promenade supérieure à 42 m au-dessus du fleuve pour un panorama exceptionnel. Voir p. 83.

NATIONAL GALLERY

La National Gallery, qui occupe tout le côté nord de Trafalgar Square, est un musée exceptionnel, entièrement dédié à la peinture européenne du XIIIe s. au début du XXe s. Voir p. 53.

10 expériences
UNIQUES

TROUVER LA PARADE

Envie de voir une relève de la garde sans avoir à affronter la foule de curieux de Buckingham Palace ? Dirigez-vous de l'autre côté de St James's Park à 11h (10h dim.) pour assister à la relève à cheval des *horse guards* ou à 16h, pour admirer leur parade (p. 28).

HONORER
L'AFTERNOON TEA

On dit que nul ne peut prétendre connaître l'Angleterre s'il n'a pas participé à cet élégant rituel qui panache thé, délices sucrés et salés. À bord d'un bus à impériale, dans une friperie ou un musée national : choisissez votre formule (p. 131) !

ADOPTER LA
ROCK'N'ROLL ATTITUDE

La scène musicale londonienne a écrit de grandes pages de l'histoire du rock et du punk. Passionné par le sujet, Laurent (Londres Insolite, p. 222) organise des visites du quartier de Soho dans les pas de Bowie, des Beatles et des Sex Pistols.

ALLER AU CINÉ...

... sur un *rooftop* ! Le Rooftop Film Club propose des séances de ciné perchées sur trois toits de la capitale (☎ 0207 635 66 55, www.rooftopfilmclub.com, t.l.j. dès 16h, séance au coucher du soleil, 15,95 £). Celui du fameux club Queen of Hoxton est particulièrement appréciable pour se faire une toile.

DÉVORER LA VILLE

Une bonne partie de l'âme de Londres transparaît dans sa cuisine. Offrez-vous un *food tour* pour mieux l'appréhender (p. 140). L'attachement aux traditions aussi bien que l'ouverture aux nouveautés, l'apport des vagues migratoires et le goût de la convivialité se lisent dans les menus !

VOGUER SUR LA TAMISE...

... à bord des catamarans ultra-rapides Thames Clippers, à la découverte des tours de Canary Wharf. C'est la voie royale pour explorer la capitale pour une poignée de *pounds* (p. 222).

TENIR LA CHANDELLE...

La plupart des grands musées de la ville organisent des nocturnes (*lates*) plus ou moins insolites. Guettez leurs agendas en ligne, particulièrement celui du Sir John Soane's Museum (p. 62) qui propose des visites à la lueur des bougies.

GLISSER SUR UNE ŒUVRE D'ART

Un toboggan a été installé sur l'ArcelorMittal Orbit, l'œuvre monumentale dessinée par l'artiste Anish Kapoor et l'ingénieur Cecil Balmond pour les J.O. de 2012. Du haut de la structure, profitez de la vue sur la ville avant de dévaler les 178 m de tunnel du Slide en 40 secondes (16,50 £ ; www.arcelormittalorbit.com)

PIQUE-NIQUER À L'ANGLAISE...

... dans Hampstead Heath (p. 112) ou Kensington Gardens (p. 98). Les pelouses des parcs royaux vous invitent à sortir les malles en osier et les nappes à carreaux : chips au vinaigre, sandwich au rosbif, à vous les *picnics* à l'anglaise !

APPLAUDIR UN *MUSICAL*

Même pas besoin d'être un as en anglais pour profiter des nombreuses comédies musicales qui dynamisent le West End, car certaines histoires sont connues de tous. Grâce à quelques astuces (p. 156), décrochez un ticket à prix très réduit.

Activités
100 % LONDONIENNES

SALUER LE SOLEIL ET LA VILLE

Le **Sky Garden,** sublime espace arboré perché au **35ᵉ étage,** organise des sessions **Yoga & Breakfast.** Prenez de la hauteur pour redécouvrir Londres et enchaînez les postures, baigné par la lumière naturelle qui traverse les gigantesques baies vitrées **(p. 67).**

VISITER LA VILLE À PETITES FOULÉES

Chaque dimanche à 9h30 et 11h30, les coachs de **London City Runners (www.londoncityrunners.com)** vous embarquent gratuitement pour un **running en groupe de 10 km** le long de la Tamise. Rendez-vous 30 min avant le départ au café du club (130 Druid St. - plan E4), à deux pas du Malby Street Market **(p. 85).**

S'ÉVADER AU FIL DE L'EAU

Désormais discrets, **les canaux** participèrent à l'essor de la capitale. De part et d'autre de Camden serpentent des portions aussi pittoresques qu'accessibles. Parcourez leurs rives **à pied ou partez en croisière,** par exemple avec **Jason's Trip (www.jasons.co.uk).**

DEVENIR UN AS DU SWING

Has been, le **minigolf** ? C'était avant que **Swingers** ne crée deux parcours de neuf trous très tendance. Dans un décor onirique et design, jouez du club avec habileté en profitant des **cocktails** servis sur le parcours et de la musique du **DJ (p. 168)**.

PAGAYER VERS L'INSOLITE

Des **kayakistes** se prenant en photo sous le mythique **Tower Bridge**... l'image a de quoi surprendre ! C'est **Secret Adventures** (www.secretadventures.org) qui rend possible cette étonnante balade et organise également des sorties sur le plus ancien canal de Londres, permettant de découvrir le dynamique quartier d'Hackney.

BULLER À LONDRES

Les Londoniens ont un rapport très enthousiaste à la météo. Nul besoin que le thermomètre s'affole pour pique-niquer dans les parcs ou s'adonner à l'un des sports nationaux : la baignade dans les *lidos*, piscines en plein air au bord desquelles il fait bon lézarder (liste sur : www.visitlondon.com/things-to-do/openspace/lido). Envie de buller au chaud ? Filez au spa relaxant de Cowshed (p. 209) dans le quartier de Primrose Hill.

Un grand week-end
SUR MESURE

Première fois à Londres ?

Suivez notre programme pour ne rien rater des incontournables de Londres... Nous avons découpé la ville en 22 quartiers. Évidemment, en trois jours, vous ne pourrez pas faire toutes ces balades. À vous de voir si vous voulez remplacer telle visite par une autre en fonction de vos centres d'intérêt.

PREMIER JOUR

➡ Débutez votre découverte de Londres par le quartier de Buckingham (la relève de la garde a lieu à 11h, un jour sur deux d'août à mars et tous les jours d'avril à juillet), Westminster Abbey, Westminster Palace et Big Ben (quartier 1).

➡ Remontez ensuite vers Piccadilly Circus (quartier 2), et dirigez-vous, pour déjeuner, à Soho (quartier 5). Vous y trouverez une multitude de restaurants.

➡ L'après-midi, promenez-vous dans Soho, un des quartiers les plus bouillonnants de la ville, puis direction Trafalgar Square et la National Gallery (quartier 6) ou cap à l'ouest pour une promenade dans Hyde Park (quartier 15).

DEUXIÈME JOUR

➡ Tôt le matin, mêlez-vous aux flots de cols blancs pour une balade architecturale dans la City et visitez la cathédrale Saint-Paul (quartier 9).

➡ Les quartiers 12 à 14 vous permettront d'admirer deux des monuments phares de Londres : le Tower Bridge et la tour de Londres, de visiter la Tate Modern et d'avoir une vue magnifique sur la ville depuis le London Eye. En chemin, déjeunez

Camden Market

Hyde Park

sur les Saint Katharine Docks (quartier 12) ou au Borough Market (quartier 13).
➡ Passez l'après-midi et la soirée dans le quartier de l'East End (quartier 11) en pleine mutation, entre galeries d'art, boutiques et bars branchés.

TROISIÈME JOUR

➡ Consacrez votre matinée à la découverte des trésors du British Museum (quartier 8).
➡ Rejoignez Camden (quartier 19) pour un peu de shopping rock ou décalé et un déjeuner dans l'effervescence des marchés.
➡ Faites le plein de façades colorées à Primrose Hill (quartier 19) ou dans le quartier chic de Notting Hill (quartier 17).

➡ Descendez vers Kensington (quartier 17) pour une visite de Kensington Palace ou du temple des arts décoratifs, le V&A (quartier 15), un peu plus au sud.
➡ Si vous n'en avez pas encore eu l'occasion, faites l'expérience d'un gastropub (voir notre top p. 138).

NOS CONSEILS DE VISITE

➡ Pour visiter certains monuments, une réservation en ligne est obligatoire (p. 25).
➡ Si vous voulez visiter la City, n'y allez pas le week-end : le quartier est désert.
➡ Pour faire du shopping chez Topshop, Primark ou dans toutes les grandes enseignes, privilégiez les matinées, ou alors, armez-vous de beaucoup de patience !

Déjà venu ?

Vous connaissez déjà les incontournables de Londres ? Sortez des sentiers battus ou explorez les *boroughs* (arrondissements) extérieurs, plus authentiques.

Smithfield Market

CLERKENWELL (QUARTIER 10)

Commencez la visite à l'aube, par le Smithfield Market, puis prenez le petit déjeuner au Fox & Anchor, pub dans lequel se retrouvent les bouchers, après leur nuit de travail. Partez ensuite vous promener au gré des rues pour découvrir la créativité de ce quartier où se sont installés designers, graphistes, artisans et mangez à l'une des très nombreuses et excellentes tables que l'on trouve ici. Remontez ensuite le temps jusqu'à la période où le quartier abritait des communautés religieuses en visitant le musée de l'Ordre de Saint-Jean ou Charterhouse.

HAMPSTEAD (QUARTIER 20)

Nous ne sommes qu'à quelques stations du cœur de Londres et pourtant, on a l'impression que l'air est plus pur à Hampstead, que le tempo est différent. Ces collines du nord de la ville ont su préserver une pointe d'esprit « village » de l'époque où elles ne faisaient pas partie du Grand Londres. Cette visite vous emmènera en balade entre les cottages georgiens du XVIIIe s. et les maisons victoriennes joliment préservées. Vous pourrez même pénétrer dans ces élégantes demeures puisque certaines abritent aujourd'hui des musées d'Art ou d'Histoire.

Le parc Hampstead Heath offre quant à lui une vue dégagée sur la ville ainsi que la possibilité de lézarder, voire de se baigner dans l'un de ses étangs *(ponds)*.

CANARY WHARF
(QUARTIER 21)

Il y a deux siècles, on débarquait ici le rhum et le sucre venus des colonies britanniques des Antilles. Aujourd'hui, l'histoire des docks se raconte dans le très beau Museum of London Docklands, logé dans un entrepôt à sucre du XVIIIe s. qui côtoie les gratte-ciel futuristes. Si le soleil est au rendez-vous, allez du côté de West India Quay : les terrasses au calme face au bassin abondent.

Canary Wharf

Hampstead Village

Fêtes
& FESTIVALS

Janvier

London Parade
La grande parade du Nouvel An de Piccadilly à Parliament Square.
www.londonparade.co.uk

Février

Nouvel An chinois
Le Chinatown londonien accueille l'une des fêtes les plus populaires de la capitale (fin janvier-début février).
www.chinatown.co.uk

Mars

St Patrick's Day
Le saint patron de l'Irlande est fêté le 17 mars dans tous les pubs irlandais de Londres et lors d'une parade à travers la ville.
www.london.gov.uk

Avril

Fête de la Saint-George
Le 23 avril, Londres revêt les couleurs du saint patron de l'Angleterre.

Mai

RHS Chelsea Flower Show
Le plus grand salon d'horticulture investit les magnifiques jardins du Royal Hospital de Chelsea à la fin mai.
www.rhs.org.uk

Juin

Open Garden Squares Weekend
Toujours très attendu des Londoniens, ce festival permet d'accéder à quantité de jardins et squares de la ville généralement fermés au public.
www.opensquares.org

Trooping the Colour
L'anniversaire de la Reine tombe le 21 avril, mais, météo incertaine oblige, il est célébré en juin. Le carrosse royal, accompagné de 1 400 soldats, 200 chevaux et 400 musiciens, défile de Buckingham Palace à la Horse Guards Parade.
www.householddivision.org.uk/trooping-the-colour

Hampton Court Palace Festival
Chanteurs lyriques et stars du rock dans la cour magique du palais d'Henri VIII.
www.hamptoncourtpalacefestival.com

Spitalfields Music
Trois semaines de concerts dans les rues et les églises de l'East End. Classique, jazz, musique du Bangladesh, etc.
www.spitalfieldsmusic.org.uk

Royal Ascot
La compétition hippique (3e semaine de juin) est le rendez-vous de la haute société britannique.
www.ascot.co.uk

Pride in London
La Gay Pride part de Hyde Park et finit à Trafalgar Square.
www.prideinlondon.org

Boishakhi Mela
Ce grand festival a lieu à la fin du mois sur les Weavers Fields (plan F2) pour célébrer le Nouvel An bengali.
www.towerhamlets.gov.uk/mela

Greenwich + Docklands International Festival
Un programme de plus de 100 spectacles de rue, gratuits et pour tous les âges (fin juin-début juillet).
www.festival.org/gdif/

Juillet

British Summer Time
Les concerts pop-rock à Hyde Park attirent la foule début juillet.
www.bst-hydepark.com

Hampton Court Palace Flower Show
Les jardins de Hampton Court Palace accueillent les floralies début juillet.
www.rhs.org.uk

Lovebox Weekender
Un festival fun et délirant consacré aux musiques alternatives à Victoria Park.
www.loveboxfestival.com

The BBC Proms
Des dizaines de concerts, du jazz à la musique classique, au Royal Albert Hall (de mi-juillet à mi-septembre).
www.bbc.co.uk/proms

Août

London Mela
Un festival musical et artistique dans le parc de Gunnersbury pour célébrer la culture des communautés sud-asiatiques.
www.londonmela.org

Carnaval de Notting Hill
Le plus grand carnaval d'Europe a lieu les derniers dimanche et lundi d'août.
www.thelondonnottinghill carnival.com

Septembre

Open House London
Le 3e week-end de septembre, des centaines de demeures et monuments ouvrent leurs portes.
www.openhouselondon.org.uk

London Design Festival
Pendant une dizaine de jours, Spitalfields met à l'honneur le design britannique.
www.londondesignfestival.com

Totally Thames Festival
Populaire et cosmopolite, il célèbre la Tamise durant tout le mois.
www.totallythames.org

Octobre

London Film Festival
Le meilleur du cinéma mondial s'affiche pendant deux semaines.
www.bfi.org.uk

Frieze Art Fair
Plus de 70 000 visiteurs se pressent à la foire internationale d'art contemporain organisée dans les jardins de Regent's Park.
www.frieze.com

London Restaurant Festival
Le meilleur de la cuisine anglaise.
www.londonrestaurant festival.com

Novembre

Diwali
Les communautés indienne et asiatique célèbrent la fête de la Lumière à Trafalgar Square.
www.diwaliinlondon.com

Bonfire Night
Le 5 novembre, on lance des feux d'artifice pour évoquer l'attentat manqué contre Jacques Ier lors de la Conspiration des poudres en 1605.

Lord Mayor's Show
La procession du lord-maire, de Mansion House aux Royal Courts of Justice (2e samedi).
https://lordmayorsshow.london

London Jazz Festival
Ce festival de jazz investit les meilleures salles de la capitale.
www.efglondonjazz festival.org.uk

Décembre

Trafalgar Square Carols
Les chants de Noël résonnent tous les soirs à partir de 17h au pied du grand sapin de Trafalgar Square.
www.london.gov.uk

New Year's Eve Fireworks
Londres fête le passage à la nouvelle année par une explosion de feux d'artifice (payants), en particulier sur les bords de la Tamise.
www.london.gov.uk

Visites

PAR QUARTIEF

À SAVOIR

VISITER LONDRES

Nous avons découpé la ville en 22 petits quartiers que vous pouvez tous visiter à pied. Pour aller d'un quartier à l'autre, le moyen de transport le plus simple reste le métro *(Tube)*. Nous vous conseillons d'utiliser pour vos déplacements l'**Oyster Card,** pass magnétique que vous pouvez charger à la demande (p. 217).

Westminster Palace et Big Ben

LIRE LES CARTES

Chaque visite est accompagnée d'un plan détaillé sur lequel nous avons placé tous les **points d'intérêt** du quartier. Les **pastilles de couleur** indiquent nos bonnes adresses de **restos,** de **bars** et de **boutiques.** Le numéro de la pastille colorée correspond à celui attribué à chacune des adresses. Reportez-vous au chapitre concerné pour lire la notice de l'établissement.

NOS CONSEILS POUR GAGNER DU TEMPS

Pour gagner du temps sur place, pensez à réserver vos visites avant votre séjour, vous vous éviterez de longues files d'attente. Voici les principaux monuments proposant des **réservations en ligne,** parfois avec des **réductions importantes** par rapport au tarif sur place :

Buckingham Palace, Westminster Abbey, Westminster Palace (résa en ligne ou par téléphone obligatoire), Madame Tussauds, Saint Paul's Cathedral, Tower Bridge, The Shard, Coca-Cola London Eye, Churchill War Rooms, cérémonie des clés de la Tower of London (résa en ligne obligatoire au moins six mois à l'avance ; résa pour la visite simple possible également).

L'accès est gratuit pour les collections permanentes de très nombreux **musées** (British Museum, Tate Modern, National Gallery, Natural History Museum, V&A, etc.). En revanche, l'entrée pour les **expositions temporaires** est payante. Là encore, pensez à réserver, certaines expositions sont complètes des semaines, voire des mois à l'avance. Mieux vaut réserver également pour le Sky Garden (accès gratuit) et il est impératif de réserver 2 mois à l'avance pour les Studios Warner Bros Harry Potter.

Buckingham Palace

OUVERTURE NOCTURNE DES GRANDS MUSÉES

Les grands musées de Londres s'offrent aussi, une fois par mois, des **ouvertures nocturnes** avec DJ, ateliers créatifs et ludiques, et parfois même cocktails. L'entrée pour les collections (hors expos du moment) est gratuite. La plus courue ? Celle du V&A (le dernier vendredi du mois). La plus décalée ? Celle du Science Museum (avec *silent disco*), le dernier vendredi du mois.

Restos & bistrots p. 123 ı Boutiques p. 185

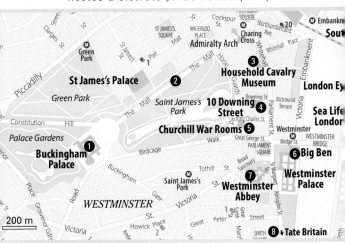

En une seule promenade, vous découvrirez les palais royaux, pôles des décisions politiques mais aussi les superbes parcs environnants où se déroulaient les parties de chasse des souverains d'antan. Tout ce quartier rappelle le respect et l'amour que les Anglais vouent à leur monarchie. On s'imprègne de cette atmosphère si particulièrement *British* en découvrant les richesses des collections royales et en assistant à la relève de la garde devant Buckingham (singulier protocole !).

❶ BUCKINGHAM PALACE★★★

S'approcher du palais de Buckingham, *a fortiori* le visiter, c'est un peu toucher du doigt le quotidien de la monarchie britannique. Derrière la rigueur géométrique de l'imposante façade néoclassique, une armée d'employés s'affaire, car, loin d'être un musée, le palais est une cité vivante et travailleuse où se jouent les affaires de la Couronne.

La résidence des souverains

L'architecte John Nash, à la demande de George IV, a transformé cet ancien manoir du XVIIIe s. devenu, depuis l'avènement de la reine Victoria en 1837, la résidence officielle des souverains du Royaume-Uni. Si vous voyez l'étendard royal (rectangles rouge, jaune et bleu reprenant les armoiries de l'Angleterre, l'Écosse et l'Irlande) flotter au-dessus du palais plutôt que l'Union Jack, c'est que la reine est présente à Buckingham.

State Rooms

Quand la reine prend ses quartiers d'été loin de Londres (et à certaines dates tout au long de l'année), il est possible de visiter 19 des 775 pièces que dénombre le palais. La plus impressionnante est probablement la gigantesque Ballroom qui accueille aujourd'hui les banquets officiels. Dans la Throne Room, vous découvrirez les trônes dessinés pour la première partie du couronnement d'Élisabeth II en 1953, tandis que la Picture Gallery dévoile certains joyaux de la collection royale comme des tableaux de Titien, Rembrandt, Rubens et Van Dyck.

Queen's Gallery

Au lendemain de la Seconde Guerre, la reine Élisabeth II fit bâtir cette galerie, inaugurée en 1962, afin de partager une partie de la Royal Collection par roulement, au travers d'expositions thématiques. Plus grande collection d'art privée au monde, la Royal Collection recenserait plus d'un million d'objets (peintures, sculptures, photographies, bijoux, livres, etc.).

Royal Mews

Les Écuries (*mews* en anglais) royales abritent les chevaux de cérémonie ainsi que les calèches clinquantes et les voitures utilisées pour les couronnements, les visites d'État et les mariages royaux.

Relève de la garde

La garde descendante remet symboliquement les clés de Buckingham à la garde montante, qui arrive par la porte nord. Un rituel codifié, très apprécié des touristes. Les premiers curieux prennent position devant le palais plusieurs heures avant le début de la relève. Pensez à arriver tôt, si vous souhaitez être bien placé. **The Mall • ☎ 0303 123 73 00 • www.royalcollection.org.uk • Résa en ligne fortement conseillée • À noter : sur place, votre billet peut être transformé gratuitement en pass annuel.**
Appartements d'État : fin juil.-août t.l.j. 9h30-19h30 (dernière entrée 17h15) ; sept. t.l.j. 9h30-18h30 (dernière entrée 16h15) • Visite toutes les 15 min • Entrée : 25 £.
Queen's Gallery : t.l.j. 10h-17h30 (fin juil.-sept. 9h30-17h30) • Entrée : 12 £.
Royal Mews : fév.-mars et nov. lun.-sam. 10h-16h ; avr.-oct. t.l.j. 10h-17h.

Cérémonie officielle sur The Mall

• Entrée : 12 £.

Relève de la garde : avril-juil. t.l.j. 11h ; août-mars un jour sur deux. Vérifiez les dates et horaires avant de vous déplacer : www.changing-guard.com/ dates-buckingham-palace.html *Royal Day Out* (billet combiné pour l'ensemble des visites) : 45 £.

❷ THE MALL★★

The Mall est cette large avenue qui relie Buckingham à Trafalgar Square. Empruntée par les gardes du palais lors de la relève, mais aussi lors des cérémonies officielles, l'artère a gagné le surnom de Ceremonial Route. À son extrémité est, l'on retrouve l'Admiralty Arch, qui fut commandée par Édouard VII, désireux d'honorer la mémoire de sa mère, la reine Victoria. Le porche central, fermé par une grille, est réservé au souverain.

❸ HOUSEHOLD CAVALRY MUSEUM★★

Derrière leurs tenues d'apparats, les gardes à cheval sont des combattants très entraînés. C'est ce que rappelle ce musée en accueillant les visiteurs avec la présentation d'une tenue militaire, puis en détaillant l'histoire des *horse guards* et de leurs deux prestigieux régiments chargés de la protection de la reine : les Life Guards et les Blues and Royals. Dans les écuries, vous pourrez apercevoir les chevaux, et les plus jeunes pourront enfiler des répliques des uniformes.

Relève de la garde

Si vous souhaitez éviter la foule de Buckingham, assistez à cette relève (partiellement à cheval) bien plus modeste, mais tout aussi millimétrée. Elle commence sur Whitehall et se termine dans la cour, côté St James's Park. Tous les jours à 16 h a lieu l'inspection (dans la cour avant). Cette tradition remonte à 1894, quand la reine Victoria trouva ses gardes ivres en plein service. La punition devait durer 100 ans, mais la reine Élisabeth choisit de prolonger cette tradition qui ravit les visiteurs.

Horse Guards Whitehall (entrée par arrière du bâtiment, côté Saint James's Park) • ☎ 0207 930 30 70 www.householdcavalrymuseum.co.uk T.l.j. 10h-18h (avr.-sept.) ou 10h-17h oct.-mars) • Entrée de 6,50 à 8,50 £ ticket famille, 22,50 £) • Relève de la garde lun.-sam. 11h, dim. 10h ; parade à cheval (aussi appelée Four O'Clock Parade) t.l.j. 16h.

❹ 10 DOWNING STREET★★

En descendant Whitehall vers Trafalgar, vous croiserez Downing St. Pour des raisons de sécurité, vous ne pourrez pas emprunter cette rue, mais vous apercevrez le célèbre n° 10, cet immeuble de 1684 qui abrite les bureaux et le logement du Premier ministre.

❺ CHURCHILL WAR ROOMS★★★

Que s'est-il passé durant ces jours et ces nuits de guerre où Winston Churchill organisa les forces alliées, depuis ce bunker censé le protéger, ainsi que son cabinet,

des raids aériens ? Derrière des murs renforcés pouvant atteindre 1,5 m d'épaisseur, l'enchevêtrement de pièces accueille des dortoirs, des bureaux, mais aussi une salle de téléphone transatlantique pour assurer les liaisons cryptées entre le Premier ministre et Franklin Roosevelt, un studio radio de la BBC, une salle des cartes ou encore la chambre de Churchill, qu'il délaissait la plupart du temps.

Churchill Museum

Tranchant avec l'ambiance du bunker, ces salles à la muséologie ultramoderne dressent le portrait de l'homme d'État, depuis son enfance jusqu'après sa mort, au travers d'objets personnels, documents d'époque, analyses d'experts, etc.

Clive Steps, King Charles Street • ☎ 0207 416 50 00 • www.iwm.org.uk • T.l.j. 9h30-18h (résa en ligne fortement recommandée) • Entrée : 22 £.

❻ WESTMINSTER PALACE ET BIG BEN★★★

C'est dans cette résidence royale que fut convoqué le Parlement modèle, l'ancêtre de l'actuel parlement, en 1295. Au début du XVIe s., une partie du bâtiment fut détruite par un incendie et le départ d'Henri VII permit la reconversion des lieux en siège des deux chambres parlementaires et du tribunal. C'est un autre incendie, en 1834, qui entraîna la reconstruction de l'édifice par Charles Barry, dans le style néogothique que l'on peut admirer aujourd'hui.

Big Ben

Le palais est bien connu pour la tour de l'Horloge, également appelée Elizabeth Tower, qui mesure 96 m de haut. Le surnom de « Big Ben » ferait référence à l'embonpoint de son architecte, Benjamin Hall, et désigne en fait la plus grosse des cinq cloches (14 t), qui sonne toutes les heures depuis le 31 mai 1859 et dont le carillon s'entend dans un rayon de 3 km. L'immense horloge qui orne ses quatre faces est toujours remontée à la main trois fois par semaine. L'opération dure 20 min et garantit la précision légendaire du mécanisme. Pour vous faire une idée de ses proportions, sachez que l'aiguille des minutes mesure plus de 4,20 m ! Vous ne l'entendrez malheureusement pas sonner d'ici 2021, rénovation oblige et, durant les travaux, vous risquez de n'apercevoir la tour qu'à travers des échafaudages.

La Chambre des communes

L'organisation des lieux met en scène un véritable face à face. D'un côté, les représentants de la majorité, de l'autre, les représentants de l'opposition ; entre les deux, de grandes lignes rouges. Les 650 MP (Members of Parliament) débattent ici. Un couloir « Aye » (Yes) et un couloir « No » permettent à ces députés de signifier leur vote. Chaque mercredi, à midi, se tient la séance de « questions au Premier ministre », probablement le moment le plus recherché par les visiteurs.

La Chambre des lords

La chambre haute du Parlement examine les propositions de la Chambre des communes. Elle n'est que peu soumise aux vagues électorales, car elle est constituée de membres nommés à vie, au nombre changeant : certains ont été choisis par la reine, sur proposition du Premier ministre (la grande majorité), certains membres sont dits « héréditaires » et quelques évêques siègent également. C'est ici que le souverain fait chaque année le « discours du Trône », à l'ouverture du Parlement (vers le mois de novembre), ouvrant une session unique qui durera toute l'année.

**Parliament Square (accès par St Stephen's Gate) • ☎ 0207 219 41 14 • www.parliament.uk • Résa en ligne ou par tél. indispensable ; consulter le calendrier des visites sur le site • Visite avec audioguide : 19,50 £ ; visite guidée : 26,50 £ ; billet enfant (-15 ans) gratuit avec l'achat d'un billet adulte.
• Débats à la Chambre des communes** lun. 14h30-22h30, mar.-mer. 11h30-19h30, jeu. 9h30-17h30, ven. 9h30-15h
• Débats à la Chambre des lords : lun.-mar. 14h30-22h, mer. 15h-22h, jeu. 11h-19h30, ven. de 10h à la fermeture des bureaux.

Westminster Palace

❼ WESTMINSTER ABBEY★★★

.es vestiges du « monastère
e l'Ouest » ont donné le nom
e Westminster au quartier.
)epuis le couronnement de
¡uillaume le Conquérant, en 1066,
abbaye est indissociable des
randes cérémonies notamment
es mariages royaux et des
ouronnements qui sont célébrés
ar l'archevêque de Canterbury.
'abbaye est également le lieu des
épultures des souverains ainsi
ue des personnalités comme
Charles Darwin, Charles Dickens, le
oliticien Gladstone, l'économiste
eatrice Potter Webb ou
saac Newton. Au total, plus
e 3 000 personnes importants
sont inhumés. Shakespeare,

enterré à Stratford-upon-Avon,
y a quant à lui un monument.

La nef

Elle peut sembler disproportionnée
avec ses 10,5 m de large et ses 31 m
de haut. Sa construction a duré
150 ans. Près de l'entrée est inhumé
le Soldat inconnu depuis 1926. Non
loin de là, une dalle à la mémoire
de Churchill et la sépulture de
l'explorateur Livingstone.

The Queen's Diamond Jubilee Galleries

Depuis 2018, le triforium (la galerie
médiévale ouverte donnant sur
la nef) a été ouvert au public et
expose 300 objets qui éclairent
sur l'histoire du bâtiment. Depuis

cette galerie, à 20 m du sol et à hauteur de magnifiques vitraux, le visiteur profite d'une intéressante perspective sur l'église ainsi que sur le palais de Westminster voisin.

The Henry VII Lady Chapel

Avant de découvrir ses splendides voûtes en éventail d'où éclosent de fins pendentifs sculptés, arrêtez-vous devant le trône en chêne utilisé depuis 1308 pour les couronnements des monarques britanniques. Le tombeau d'Henri VII et d'Élisabeth de York se trouve derrière l'autel. Dirigez-vous ensuite vers les tombeaux d'Élisabeth Ire et de Marie Stuart.

Cloîtres et salle capitulaire

Les cloîtres (XIIIe-XVe s.) étaient une des parties les plus animées du monastère. Le cloître de l'Est donne accès à la salle capitulaire. C'est dans cette belle salle octogonale de 1250, que s'est tenu

à partir de 1257 le Grand conseil royal, l'ancêtre du Parlement.
Broad Sanctuary • ☎ 0207 222 51 52
• www.westminster-abbey.org • Résa en ligne fortement conseillée (possibilité de télécharger l'audioguide en français gratuitement) • Abbaye : lun.-mar. et jeu.-ven. 9h30-15h30, mer. 9h30-18h (15h certains mer. du mois), sam. 9h-13h
• Entrée : 23 £ (21 £ en ligne)
• Salle capitulaire : lun.-ven. 10h30-16h30, sam. 10h-16h ; accès libre avec ticket pour l'abbaye.
• Cloître : t.l.j. 9h30-16h30 ; accès libre.

❽ TATE BRITAIN★★★

Ouverte en 1897 grâce au legs du mécène Henry Tate, la Tate Britain est la plus importante collection d'art britannique au monde.

« Walk Through British Art »

Avec « Walk Through British Art », la Tate Britain propose un parcours découverte de l'art britannique en 519 œuvres, des années 1540

Pause slow-food : Iris & June

Dans ce quartier chic et royal, Iris & June présentent leur vision du luxe : rendre l'ordinaire exceptionnel. Le café est sélectionné avec attention avant d'être préparé avec technique. Les produits frais sont achetés suivant les saisons, auprès de producteurs clairement identifiés, et travaillés avec respect. Le week-end, le brunch est à l'honneur toute la journée avec des granolas (7 £), des assiettes composées multicolores (8,50-9 £), des breakfast bowls (8,50 £). Le menu change tous les jours !

● 2 • 1 Howick Place • ☎ 0207 828 31 30 • www.irisandjune.com
• Lun.-ven. 7h30-17h30, sam.-dim. 9h-16h (fermeture de la cuisine à 15h).

u début du XXIe s. L'accrochage
st purement chronologique,
issant ainsi apparaître la diversité
rtistique d'une même période que
regroupement par écoles, styles
u thèmes tend généralement
gommer. Quel point commun
ntre les paysages de Dora
arrington (*Farm at Watendlath*,
21) *et The Deluge* de Winifred
nights (1920) sinon leur époque
e création ? Au total : 500 ans
'art britannique présentés à
avers une vingtaine de salles
riodiques. Des portraits de
lite Tudor par Hans Eworth aux
hotographies de John Riddy,
ous les grands artistes sont là :
ogarth, Gainsborough, Reynolds,
illais, Rossetti, Nevinson, Sargent,
ickert ; et tous les arts aussi :
einture, sculpture, photographie,
stallation, vidéo, etc.

Turner and co

Trois artistes majeurs sont mis à
l'honneur dans des salles dédiées :
le sculpteur Henry Moore, le
peintre et poète William Blake et
l'incontournable J.M.W. Turner. Ce
dernier est présenté dans la Clore
Gallery qui expose 150 œuvres
de sa collection léguée en 1856
à la nation. L'on y découvre ses
premiers paysages romantiques
(*Caernarvon Castle*, 1798), ses
marines atmosphériques (*Waves
Breaking on a Shore*, 1835) et ses
tableaux du Parlement et de la tour
de Londres en feu (*The Burning of
the Houses of Parliament*, 1834).
Millbank • ☎ 0207 887 88 88
**• www.tate.org.uk • T.l.j. 10h-18h (22h
certains ven.) ; f. 24-26 déc.**
**• Accès libre (sf pour certaines expos :
env. 15 à 25 £).**

Tate Britain

La monarchie britannique

Palais et demeures royales, parcs et jardins de la Couronne, mariages royaux et fêtes en l'honneur du souverain... au Royaume-Uni, la famille royale est incontournable. Les Britanniques déploient une ferveur qui oscille entre profond respect pour la reine et fascination pour les tabloïds étalant en une les moindres frasques de sa lignée. Et il est tout à fait normal de parier sur le prénom du dernier *royal baby* ou la couleur de la tenue d'Élisabeth II lors de telle ou telle apparition publique. Le patrimoine des *Royals* ravira les visiteurs adeptes d'art et d'architecture.

POUVOIR PARTAGÉ

Suite à la Glorieuse Révolution qui renversa Jacques II d'Angleterre (un Stuart) et le **Bill of Rights** (Déclaration des droits) qui en découla en 1689, le Royaume-Uni est une **monarchie parlementaire.** Un monarque héréditaire est à sa tête. Depuis le 6 février 1952, Élisabeth II, héritière de la dynastie Windsor, règne sur l'Angleterre, le Pays de Galles, l'Écosse, l'Irlande du Nord, mais aussi tout le Commonwealth. Si, dans les faits, la reine a surtout un rôle de représentation, la loi stipule qu'elle détient l'autorité exécutive ultime sur le Parlement. C'est encore elle qui ouvre l'unique session annuelle de la Chambre des lords et nomme officiellement le Premier ministre.

Avec le **Crown Estate** (le domaine royal), la monarque est l'un des plus grands propriétaires terriens du pays, mais aussi la propriétaire de la plus grande collection d'art privée au monde, la **Royal Collection** (à découvrir dans la Queen's Gallery, p. 27).

LA JEUNE GÉNÉRATION

Un prince anglais qui épouse une roturière, divorcée, métisse... et américaine de surcroît, *shocking*?

La reine lors d'une parade sur le Mall

eureusement, plus maintenant. En
pousant Meghan Markle, le 19 mai
018, le prince Harry (qui avait déjà
marqué les esprits notamment en
exprimant publiquement sur la
maladie mentale) a définitivement
épousseté la monarchie. Sept ans
près le mariage du prince William et
e Catherine Middleton, qui avait ras-
emblé plus d'un million de personnes à
ondres, l'union de l'actrice et du second
ls de la princesse Diana a confirmé l'**en-
ouement du public pour la famille royale
vec l'organisation de nombreuses *street parties*

Blason sur le portail de Buckingham Palace

18 millions de téléspectateurs au Royaume-Uni. Les
eux couples vivent aujourd'hui à Kensington Palace (p. 99). Dans les ailes
uvertes au public, vous ne risquez pas plus de tomber nez à nez avec une
ête couronnée qu'à Buckingham Palace, où vit la reine, mais vous pouvez
éanmoins fouler le parquet de ces demeures chargées d'histoire. Ceux qui
eulent rendre un dernier hommage à la princesse Diana trouveront un
émorial, une fontaine, dans Hyde Park, au sud de la Serpentine.

OD SAVE THE QUEEN !

epuis 1066, l'**abbaye de Westminster** (p. 31) rythme les grandes étapes
e la vie du souverain. Lors de son **couronnement,** le monarque pénètre
ans l'abbaye et s'assied sur le trône dit « d'Édouard le Confesseur », qui
ate du XVe s. L'archevêque de Canterbury lui remet alors les insignes
e son pouvoir : d'abord l'épée, puis le manteau, la couronne, le sceptre, qui
ompte l'un des plus gros diamants du monde (l'Étoile d'Afrique), le globe
surmonté d'une croix), qui symbolise le pouvoir du Christ sur la Terre, et
a bague du souverain ornée de la **croix de Saint-George,** c'est-à-dire du
rapeau anglais en saphir et rubis. Tous ces attributs rappellent le rôle du
oi, chef de l'État et de l'Église anglicane. Vous pourrez aller les admirer
la Tower of London (p. 80). Le **couronnement d'Élisabeth II,** en 1953,
ut l'occasion de la première grande retransmission populaire à la télé-
ision. En 2012, le Royaume-Uni a fêté dans la liesse populaire le Jubilé
e diamant de la reine Élisabeth (60e anniversaire de son règne) avec, à
ondres, un défilé nautique de plus de 1000 bateaux conduit par la sou-
eraine. L'ordre de succession prévoit que ce soit le prince Charles (prince
e Galles) qui monte sur le trône suivi de son fils, le prince William (duc de
ambridge), puis du premier enfant de celui-ci, son fils, George.

2 Piccadilly Circus

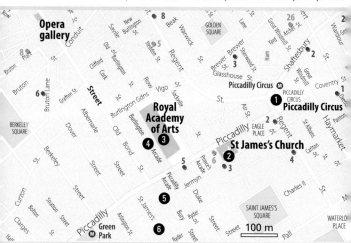

Piccadilly doit son nom au *piccadill*, un col ornementé de dentelle très prisé des aristocrates des XVIe et XVIIe s. et qui fit la fortune d'un illustre tailleur du quartier. Aujourd'hui, les prestigieuses enseignes, qui fournissent notamment la famille royale, côtoient l'agitation et les lumières de l'incontournable Piccadilly Circus, porte vers Soho. Vous trouverez également dans cette zone plusieurs *arcades*, élégants passages couverts.

❶ PICCADILLY CIRCUS★★★

Aux croisements des principales avenues du quartier, le carrefour marque la frontière entre le chic quartier de Mayfair et le populaire Soho. Piccadilly Circus est surtout connu pour ses musiciens de rue

et ses panneaux lumineux. Les premiers espaces publicitaires (utilisant alors des ampoules à incandescence) y furent installés dès 1908. Leur éclairage LED fonctionne désormais toute la journée, mais ajoute surtout du cachet aux découvertes nocturnes.

Piccadilly Circus

a fontaine

Certains croient reconnaître dans le personnage ailé qui orne la fontaine un Éros ou un Cupidon : c'est en fait Antéros, incarnation grecque de l'Amour désintéressé, que le sculpteur Alfred Gilbert choisit pour rendre hommage à Anthony Ashley-Cooper (1801-1885), 7e comte de Shaftesbury, qui œuvra pour l'abolition du travail des enfants.

❷ SAINT JAMES'S CHURCH★★

Les inconditionnels du lieu aiment à raconter que cette petite église était l'une des préférées de son architecte, Christopher Wren. Si l'on s'y presse aujourd'hui, c'est aussi pour son apaisant jardin, ainsi que pour le café et le marché artisanal installés dans sa cour.
197 Piccadilly • ☎ 0207 734 45 11

Pause littéraire : Swans Bar

Un café discret s'est établi dans l'élégante librairie de la maison d'édition Assouline, spécialisée dans l'art de vivre. Le lieu combine boiseries et belle luminosité ; idéal pour savourer un cocktail, entouré par des livres en édition limitée et des œuvres d'art. Le midi, vous y trouverez sandwichs et salades chics (dès 15 £). De 15h à 17h30, explorez les diverses formules d'*afternoon tea* (env. 35 £).

● **6 • Maison Assouline • 196A Piccadilly Street • ☎ 0203 327 93 70
• Lun.-sam. 10h-21h, dim. 11h30-18h.**

• www.sjp.org.uk • T.l.j. 9h30-17h30 •
Marché lun.-mar. 11h-17h (nourriture)
mer.-sam. (artisanat) 11h-18h.

❸ ROYAL ACADEMY OF ARTS★★

Pour son 250e anniversaire, en
2018, le « RA » a fait peau neuve.
Le musée, équivalent anglais
de notre Académie des beaux-
arts, demeure l'organisateur de
certaines des plus prestigieuses
expositions de la ville, une
nouvelle aile (Gabrielle Jungels-
Winkler Galleries) a même été
créée pour accueillir également
des accrochages éphémères en
lien avec l'architecture et l'art
contemporain. En parallèle, la
riche collection permanente

Royal Academy of Arts

a été valorisée : œuvres de
Michel-Ange, copie du XVIe s.
de La Cène ou encore statues
antiques sont en accès libre.
Burlington House, Piccadilly
• ☎ 0207 300 80 90
• www.royalacademy.org.uk • T.l.j. 10h-
18h (22h ven.) • Entrée gratuite ; expos
temporaires : de 10 à 18 £.

❹ BURLINGTON ARCADE★★

Inaugurée en 1819, la première
rue commerciale couverte de
Grande-Bretagne abrite de jolies
devantures victoriennes surveillées
par des *beadles* en redingote
et haut-de-forme. En foulant le
prestigieux passage, on s'imagine
faire partie de la gentry qui s'y
fournissait en articles de luxe au
XIXe s. On y trouve le fin du fin :
antiquités, argenterie, cachemire,
bijoux... ainsi qu'un cireur de
chaussures à l'ancienne, devant l'un
des bastions du soulier élégant :
le chausseur Church's (nos 58-59).
51 Piccadilly • ☎ 0207 493 17 64
• www.burlingtonarcade.com • Lun.-ven.
8h-20h, sam. 9h-20h, dim. 11h-18h.

❺ JERMYN STREET★

Cette rue, située à l'arrière de
Fortnum & Mason, était celle des
gentlemen. On y trouve toujours
des petites boutiques chics à
l'ancienne : chemises et costumes
sur-mesure, boutons de manchette
sur tous les thèmes, cannes
extraordinaires ou nécessaire à
barbe... Faites un tour chez Floris

Jermyn Street

(www.florislondon.com), le parfumeur royal. Ian Fleming en portait l'essence n° 89, tandis que Marilyn Monroe craquait pour le Geranium Rose... Une surprise attend les gourmets au n° 93 : le célèbre fromager Paxton & Whitfield (p. 185), qui attire toujours les foules. Churchill lui-même s'y fournissait exclusivement !

❻ SAINT JAMES'S STREET*

En descendant sur St James's St., on tombe sur quelques autres boutiques approvisionnant les membres de la famille royale. Guettez les blasons sur les devantures, il y en a trois : lion et licorne pour la reine, Hercule et lion pour le duc d'Édimbourg (son époux) et trois plumes pour le prince Charles. Commencez par le marchand de vin Berry Bros au n° 3 (p. 185). Napoléon III, exilé en Angleterre, tenait ses réunions secrètes au sous-sol. L'atmosphère a peu changé ! Le chapelier Lock & Co, au n° 6, fut en charge de l'arrangement intérieur de la couronne d'Élisabeth II en 1953. Vous apercevrez des coiffes militaires historiques dans l'escalier vers le premier étage. Au n° 19, vous trouverez le marchand de cigares James Fox, dont Churchill était un client fidèle. Sa chaise y est encore. L'étage abrite un petit musée (gratuit). Cette rue regroupe les clubs les plus privés de Londres, dont les membres appartiennent à l'aristocratie. C'est une tradition encore très vivace. Un des plus célèbres est le Brook's (à l'angle de St James's St. et de Park Place).

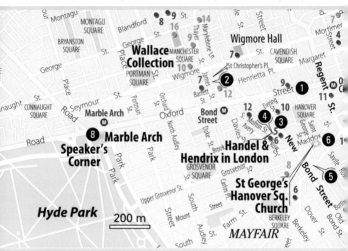

Avec une concentration d'hôtels luxueux, d'ambassades, de boutiques de grands couturiers et d'enseignes prestigieuses, Mayfair est l'une des zones les plus huppées du West End. Au nord du quartier, contrastant avec la très chic New Bond Street, la commerçante Oxford Street mêle façades édouardiennes et immeubles contemporains, où s'alignent les grandes enseignes de mode à bas prix.

❶ OXFORD STREET★★

Avant le XVIIIᵉ s., c'était le chemin emprunté par les condamnés à mort vers le lieu de leur exécution (Marble Arch). De nos jours, c'est la vitrine londonienne du shopping : toutes les marques anglaises et internationales de prêt-à-porter sont ici (voir p. 186).

❷ SAINT CHRISTOPHER'S PLACE★★

Les terrasses de cafés et de restaurants ont investi cette jolie place préservée de la fièvre d'Oxford St. Son atmosphère de village en fait un rendez-vous très prisé pour le brunch dominical. Après une pause gourmande dans le restaurant italien Carluccio's ou à Sushiology by Atari-Ya (parmi les meilleurs sushis de Londres – 20 James St.), on flâne dans les ruelles pavées, au fil des boutiques branchées. Du lèche-vitrines que l'on peut prolonger sur Marylebone High St au nord. www.stchristophersplace.com

❸ BOND STREET★★

Souvent évoquée sous le nom de Bond Street, cette artère est en fait découpée en Old Bond Street (partie sud) et New Bond Street (partie nord). Depuis le XVIIIe s., elle est le refuge des adresses élégantes. Entre luxe traditionnel et moderne, les détaillants les plus prestigieux y ont pignon sur rue : Ralph Lauren, Burberry, Tiffany & Co., Asprey, Sarah Burton pour Alexander McQueen.

❹ HANDEL & HENDRIX IN LONDON★★

Georg Friedrich Haendel (1685-1759) habita cette demeure de 1723 à sa mort. Il y composa ses plus belles œuvres dont le *Messie* et les *Hymnes du couronnement*, qui résonnent encore à Westminster lors des couronnements. Mais la visite ne s'arrête pas là. Dans l'immeuble voisin se trouve l'appartement de Jimi Hendrix,

Handel & Hendrix in London

reconstitué à l'identique.
Deux siècles séparent ces génies de la musique, et un pan de mur ! **25 Brook St. (accès par Lancashire Court) • ☎ 0207 495 16 85 • www. handelhendrix.org • Lun.-sam. 11h-18h • Entrée : 10 £.**

❺ SOTHEBY'S★★

C'est la plus ancienne maison de vente aux enchères de Londres (1744). Toutes les ventes donnent lieu à une exposition préliminaire et publique des objets mis en vente. Ne manquez pas, au-dessus de l'entrée, une statue égyptienne de la déesse Sekhmet, qui date de 1320 av. J.-C.
34-35 New Bond St. • ☎ 0207 293 50 00 • www.sothebys.com • Lun.-ven. 9h-17h (horaires variables), consulter le site pour connaître l'exposition en cours.

❻ SAINT GEORGE'S HANOVER SQUARE CHURCH★★★

Cette église est considérée comme la plus belle du West End. Elle est l'un des premiers exemples d'architecture georgienne. Édifiée en 1724, elle a accueilli le mariage des écrivains Percy Bysshe et Mary Shelley ainsi que les funérailles de la romancière George Eliot (en 1880). L'église célèbre chaque printemps la mémoire de l'un de ses fidèles paroissiens, Georg Friedrich Haendel, en organisant un festival en l'honneur du

musicien baroque. Jetez un coup d'œil sur les armes de George Ier ainsi que sur les vitraux qui contiennent des éléments datant du XVIe s., importés d'Anvers.
Saint George St. • ☎ 0207 629 08 74 • www.stgeorgeshanoversquare.org • Lun.-mar. et jeu.-ven. 8h30-16h30, mer. 8h30-18h30, dim. 8h-13h • Accès libre.

❼ SAVILE ROW★

La rue est connue pour ses tailleurs, qui conçoivent des costumes sur mesure pour les hommes élégants du monde entier. Derrière la façade d'Huntsman

Savile Row

(n° 11), les habitués des salles obscures reconnaîtront le siège des agents de *Kingsman,* ces membres des services secrets joués par Colin Firth et Taron Egerton. Les amateurs des Beatles lèveront eux les yeux face au n° 3. C'est sur le toit de cet immeuble, alors siège de la maison de disque Apple Corps, que les « quatre garçons dans le vent » donnèrent leur ultime concert. Une vitrine de souvenirs des Beatles est installée dans la boutique Abercrombie & Fitch qui occupe aujourd'hui le bâtiment.

8 MARBLE ARCH★★★

Cette arche en marbre blanc de Carrare, inspirée de l'arc de Constantin, à Rome, n'était pas du tout du goût de la reine Victoria. En 1851, elle fit déplacer le monument, qui se trouvait alors devant son palais, jusqu'à cette partie de la ville où se tenaient les pendaisons durant les siècles précédents.

Speakers' Corner

Coups de gueule virulents, émouvants plaidoyers, ou divagations farfelues, les discours tenus par les orateurs peuvent revêtir toutes les formes et toucher tous les sujets. Hissés sur des escabeaux au coin nord-est de Hyde Park, ils haranguent la foule tous les dimanches après-midi, profitant d'un décret du Parlement de 1872 qui y garantit une totale liberté d'expression (hors diffamation et obscénités).
Hyde Park, à l'angle d'Oxford St. Great Cumberland Pl. • www.royalparks.org. uk/parks/hyde-park
• T.l.j. 5h-minuit.

Pause victorienne : Mr Fogg's

À en croire la collection d'objets qu'il a rapportés de ses multiples voyages et qui décorent le bar, Phileas Fogg devait être un sacré personnage. Dans l'antre du héros du roman de Jules Verne *Le Tour du monde en 80 jours,* les montres semblent tourner à contresens, créant une bulle temporelle propice à la dégustation d'un cocktail plein de panache (à partir de 12 £). Le week-end, la maison organise son Tipsy Tea, un *afternoon tea* corsé au gin et au champagne (44 £).

● 6 • 15 Bruton Lane • ☎ 0207 036 06 08 • www.mr-foggs.com
• Lun.-ven. 16h-2h, sam. 13h30-2h, dim. 15h-minuit.

4 Marylebone & REGENT'S PARK

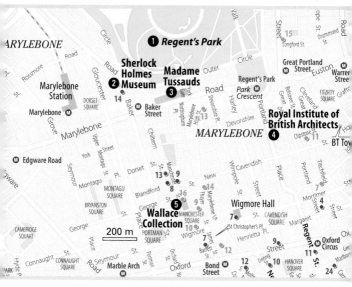

Au sud du superbe Regent's Park, Marylebone est une coquette zone résidentielle. Conan Doyle y établit la fictive demeure de son célèbre enquêteur, tandis que Richard Wallace y réunit sa bien réelle et spectaculaire collection d'art. C'est le quartier idéal pour flâner entre façades victoriennes et squares paisibles ou pour observer deux spécificités de l'architecture londonienne : les *terraces* (ces alignements de demeures mitoyennes aux façades similaires) et les *mews* (anciennes étables converties en charmantes rangées de maisonnettes).

Sherlock Holmes Museum

❶ REGENT'S PARK★★★

Au nord de Marylebone se déploie une vaste langue de verdure bordée de *terraces* affichant un style Régence. Surnommé le « joyau de la Couronne » et aménagé par l'architecte John Nash au XIXᵉ s., le parc abrite un lac sur lequel vous pourrez canoter ou faire du bateau à pédales, des terrains de cricket, le zoo de Londres (p. 109), ainsi qu'un théâtre de plein air (représentations pendant la période estivale : www.openairtheatre.com). Les amateurs de roses ne manqueront pas les Queen Mary's Gardens. Plus de 85 variétés de la reine des fleurs (dont la Royal Parks) s'épanouissent dans cette parcelle, située dans la partie méridionale du parc, réputée également pour ses bégonias et delphiniums.
Au sud du parc, les palais aristocratiques de Park Crescent alignent leurs belles façades stuquées à colonnades.
T.l.j. de 5h jusqu'à 30 min avant le coucher du soleil • www.royalparks.org. uk/parks/the-regents-park

❷ SHERLOCK HOLMES MUSEUM★★

221B Baker Street, l'adresse est bien connue des adeptes de Sherlock Holmes. Une gouvernante vous fait pénétrer dans l'univers du héros de sir Arthur Conan Doyle, entièrement recréé dans une demeure victorienne. Du salon à la chambre en passant par le cabinet de travail, vous pourrez examiner minutieusement son violon, son carnet de notes, son matériel de chimie et les accessoires, absents des romans, qui finirent par coller à son image comme la pipe courbée et le *deerstalker* (casquette en tweed). Vous aurez également l'opportunité de prendre la pose, installé dans son fauteuil au coin du feu. Les tickets ne peuvent être achetés que dans la sympathique boutique du musée et les fans sont nombreux : prévoyez donc un temps d'attente qui peut s'avérer plus long que la visite elle-même, qui dure une bonne demi-heure. **221B Baker St. • ☎ 0207 224 36 88 • www.sherlock-holmes.co.uk • T.l.j. 9h30-18h • Entrée : 15 £ ; enfants : 10 £.**

❸ MADAME TUSSAUDS★★

C'est indéniablement kitsch, mais si vous avez toujours rêvé d'embrasser George Clooney ou de poser à côté de la reine d'Angleterre, c'est le moment ou jamais. Le plus grand musée de cire au monde présente différents tableaux habités par une myriade de célébrités, stars de la chanson et du cinéma, chefs d'État, grands sportifs, peintres et écrivains... jusqu'à une galerie *Star Wars* ! Un petit taxi sur rail vous fera revivre les grands épisodes de l'histoire de Londres. **Marylebone Rd • www.madametussauds. com/london/ • Lun.-ven. 9h-16h, sam.-dim. 9h-17h (parfois 18h) ; 24 déc. 9h-14h30 ; f. 25 déc. ; horaires irréguliers : vérifier sur le site avant votre visite • Entrée : 35 £ (30 % de réduction en ligne) ; réduction familles.**

❹ ROYAL INSTITUTE OF BRITISH ARCHITECTS★★

C'est une adresse secrète, cachée derrière les lourdes portes de bronze d'une façade un peu sévère percée de hautes meurtrières vitrées. Derrière, on découvre un superbe joyau Art déco : colonnes de marbre colossales, mosaïques et marqueterie de bois au sol, bas-reliefs... En 2014, le RIBA s'est enfin doté d'une vraie galerie où sont présentées des expositions rétrospectives (comme celle dédiée au critique et écrivain anglais Jonathan Meades) ou thématiques. Le café du rez-

Pause raffinée au Wallace Restaurant

Le restaurant de la Wallace Collection est un secret bien gardé. Installé sous une magnifique verrière, vous y déjeunerez, dans un cadre exceptionnel, d'une quiche (8 £) ou d'une salade (7,50-13,50 £). La carte du dîner (ven.-sam.) est un poil plus chère.

● **16 • Hertford House, Manchester Square • ☎ 020 7563 95 05 • www.peytonandbyrne.co.uk • Petit déj. t.l.j. 10h-12h ; déj. t.l.j. 12h-15h ; dîner ven.-sam. 18h-21h30 ; *afternoon tea* lun.-dim. 14h30-16h30.**

de-chaussée est parfait pour une pause ; et la librairie, géniale pour tous les passionnés d'architecture.
66 Portland Place • ☎ 0207 580 55 33 • www.architecture.com • Lun.-ven. 8h-17h30 (20h mar.), sam. 10h-17h • Accès libre (certaines expos sont payantes).
Librairie : ☎ 0207 307 37 53 • www.ribabookshops.com • Lun.-ven. 9h30-17h30, sam. 10h-17h. RIBA Café : lun.-ven. 8h-17h, sam. 10h-17h • Salades : à partir de 4,50 £.

❺ WALLACE COLLECTION★★★

L'hôtel particulier de sir Richard Wallace abrite la plus importante collection privée d'art européen du pays, léguée à la nation en 1897. Le philanthrope anglais, qui finança les fontaines parisiennes qui portent son nom, était issu d'une longue lignée de collectionneurs, les marquis Seymour-Conway. La collection, riche de plus de 5 500 pièces, est marquée par une appétence pour les collections d'armes et d'armures ainsi que pour la France du XVIIIe s., ses peintures, meubles, porcelaines et objets de vertu (boîtes en or, finement ornées). Aux côtés des célèbres *Frenchies* tels Fragonard, Boucher et Watteau trônent d'autres grands noms de la peinture comme Vélasquez et sa *Dame à l'éventail,* Van Dyck, Rembrandt, Frans Hals, Titien ou encore Murillo.
Hertford House, Manchester Square • ☎ 0207 563 95 00 • www.wallace collection.org • T.l.j. 10h-17h • Accès libre ; expos temporaires : 10 £.

Wallace Collection

5 Soho
& CARNABY STREET

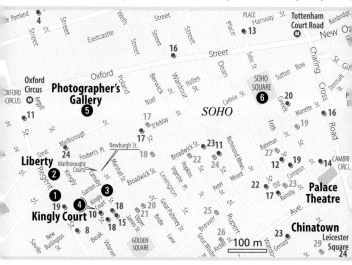

Quartier londonien en ébullition, Soho est un spectacle permanent. Bars, restaurants, théâtres, sex-shops et boîtes de nuit abondent dans ses rues animées et bruyantes, envahies par la foule le samedi soir. Fief de la communauté gay, Old Compton Street est un passage obligé pour se montrer et pour s'informer dans les nombreux bars des *parties* en préparation. Dans Carnaby Street et ses rues adjacentes, vous serez plongé au cœur de la mode londonienne : les derniers créateurs y ouvrent des boutiques aux côtés de marques reconnues.

❶ REGENT STREET★★

Débutez votre promenade dans la très chic Regent St., qui aligne les enseignes classiques, d'Aquascutum et Burberry au magasin de jouets Hamleys. L'axe fut conçu par John Nash à la demande du « prince régent »

Carnaby Street

futur George IV) qui voulait relier Regent's Park à Carlton House, sa résidence aujourd'hui disparue. Au XIXᵉ s., l'architecture des bâtiments inspirée du classicisme fut jugée inadéquate au commerce, et un réaménagement fut opéré, pour accueillir les nouveaux *department stores*.
www.regentstreetonline.com

❷ LIBERTY★★

Un temple de la mode ! On y vient aussi bien shopper les fameux tissus à fleurs que de la porcelaine anglaise (voir aussi p. 193). Son architecture de style Tudor, blanche avec poutres noires apparentes, vaut à elle seule le détour. Le bois utilisé pour sa construction en 1920 venait de deux bateaux

militaires... La girouette sur ses toits représente quant à elle le *Mayflower*, le navire marchand à bord duquel embarquèrent les Pères pèlerins, colons britanniques considérés comme les fondateurs des États-Unis.
Great Marlborough St.
• ☎ 0207 734 12 34 • www.
libertylondon.com • Lun.-sam. 10h-20h,
dim. 11h30-18h.

❸ CARNABY STREET★★

Il faut imaginer cette rue mythique, théâtre de la mode pop des années 1960, au temps où l'actrice et mannequin Twiggy déambulait en minijupe avec sa coupe à la garçonne et où Beatles et Stones se battaient pour la première place dans le Top 50.

Kingly Court

Désormais, beaucoup d'enseignes internationales s'y bousculent. Afin de dénicher les bonnes adresses, arpentez les rues alentour et regardez notre sélection p. 190.

❹ KINGLY COURT★

Ce *food court* de trois étages regroupe une vingtaine de bars et restaurants offrant un échantillon des cuisines du monde entier (Grèce, Pérou, États-Unis, Japon, etc.). Il doit son succès à la large et charmante cour qui se situe au cœur du bâtiment. Elle est couverte et chauffée en hiver pour permettre des repas « en plein air » tout au long de l'année.
Entrée par Beak St. et Carnaby St.

Pause sri-lankaise : Hoppers

Le menu s'inspire de la version sri-lankaise du pub où l'on trouve vin de palme et plats tout simples. Voyage gustatif garanti avec les fines crêpes de riz et de coco que l'on garnit et qui donnent leur nom à l'établissement, les *hoppers* (dès 4,50 £). Vous pouvez également opter pour les *kothu* (mélange de légumes et viande ou poisson finement hachés) et d'autres spécialités de l'Inde du Sud et du Sri Lanka.

● 27 • 49 Frith St. • ☎ 0203 319 81 10 • www.hopperslondon.com
• Lun.-jeu. 12h-14h15 et 17h30-22h30, ven.-sam. 12h-22h30, dim. 12h-16h30 et 17h30-21h30 • Formule lunch (lun.-ven.) : 19,50 £ ; *kothus* : 11-12,50 £ ; *karis* : 8-9,50 £.

⑤ PHOTOGRAPHERS' GALLERY★★

La crème de la photographie s'accroche ici : des grands du XXe s. comme André Kertész, mais aussi des artistes contemporains (Martin Parr, Anders Petersen, etc.). La galerie a aussi un café agréable et une librairie épatante. 16-18 Ramillies St. • ☎ 0207 087 93 00 • www.thephotographersgallery.org.uk • Lun.-sam. 10h-18h (20h jeu.), dim. 11h-18h • Accès libre (sf certaines expos : env. 5 £ ; gratuit t.l.j. après 17h).

⑥ SOHO SQUARE★

Ne vous laissez pas abuser par le style Tudor de la maisonnette qui trône au cœur de ce joli jardin, elle a été construite en 1925, pour cacher une installation électrique. Parmi les élégantes demeures de la place, au n° 10, un hôtel du XVIIe s. témoigne réellement de la splendeur passée du quartier. Au n° 2, ceux qui souffrent de Beatlemania iront se recueillir devant l'ancien bureau de Paul McCartney.

Soho Square

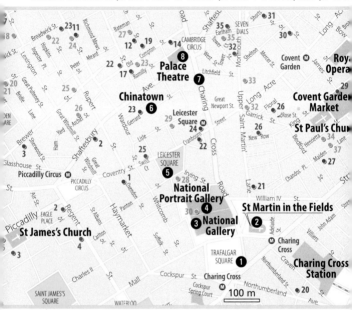

Peut-être est-ce parce qu'il s'agit du quartier des théâtres et comédies musicales que les aventures les plus variées semblent ici se déployer à chaque coin de rue. Manger des *dim sum* à Chinatown, acheter un grimoire dans le chemin de Traverse d'Harry Potter, profiter d'un concert à l'heure du déjeuner, prendre le thé face à Big Ben avec le fantôme des plus grands personnages britanniques. À chacun sa scène.

❶ TRAFALGAR SQUARE★★★

Située au cœur de la capitale, la place est le point de ralliement des festivités culturelles et des grands événements politiques et sportifs. À Noël, la place est décorée d'un sapin offert par la Norvège. L'image la plus emblématique est sûrement le monument érigé en 1842 en l'honneur de l'amiral Nelson, tué lors de la célèbre bataille de Trafalgar contre Napoléon, en 1805. Depuis 1999, le Fourth Plinth, l'un des quatre socles en pierre de la place (au nord-ouest), sert de support à une œuvre contemporaine renouvelée tous les 18 mois. Actuellement, il s'agit de la reproduction d'une statue du musée de Mossoul, détruite par Daesh. Elle a été recréée par l'artiste Michael Rakowitz à l'aide de dizaines de boîtes de sirop de datte.

❷ SAINT MARTIN IN THE FIELDS★★

Cette église doit sa conception actuelle à James Gibbs, qui acheva les travaux en 1726. À la différence d'autres églises conçues par cet architecte, elle n'est marquée par aucune influence baroque, mais plutôt par le néoclassicisme. À l'intérieur, la loge, située dans la galerie gauche du chœur, destinée à la famille royale, rappelle que nous sommes en réalité dans l'église paroissiale de Buckingham Palace. L'église abrite un café déjeuner pour moins de 10 £, une

bonne pioche pour le quartier) et une boutique dans sa crypte, mais c'est surtout pour ses concerts gratuits à l'heure du déjeuner qu'elle est mondialement connue (résa concerts ☎ 0207 766 11 00, lun.-sam. 10h-17h).
Trafalgar Square • ☎ 0207 766 11 00
• www.stmartin-in-the-fields.org
• Lun.-ven. 8h30-18h, sam.-dim. 9h-18h
• Consulter le site pour
la programmation des concerts.

❸ NATIONAL GALLERY★★★

Fondée en 1824, la National Gallery abrite une fabuleuse collection de peintures du XIIIᵉ au début du XXᵉ s., forte aujourd'hui de 2 300 œuvres. Les meilleures écoles européennes sont représentées, et les chefs-d'œuvre se succèdent au fil des 66 salles du musée. Commencez votre parcours par l'aile Sainsbury, pour une visite chronologique.

Aile Sainsbury, 1250-1500

Parmi les peintures du début de la Renaissance, on admire le *Diptyque de Wilton* représentant Richard II, *La Bataille de San Romano* d'Uccello, *Vénus et Mars* de Botticelli, *Les Époux Arnolfini* de Van Eyck ou encore le fameux *Doge Loredan* de Bellini.

Aile Ouest, 1500-1600

La Renaissance italienne est ici la mieux représentée avec

la *Mise au tombeau* de Michel-Ange, le *Bacchus et Ariane* du Titien et la *Vierge aux rochers* de Léonard de Vinci.

Aile Nord, 1600-1700

Ne manquez pas *Femme debout devant un virginal* de Vermeer, le poignant *Samson et Dalila* de Rubens, l'*Autoportrait à l'âge de 34 ans* de Rembrandt, la sensuelle *Toilette de Vénus* de Vélasquez et le majestueux *Portrait équestre de Charles Ier* de Van Dyck. Un portrait vous sera peut-être familier, celui du *Cardinal de Richelieu* par Philippe de Champaigne.

Aile Est, 1700-1900

Après les portraits du XVIIIe s. comme celui de *Madame de Pompadour* signé Drouais et les fascinants paysages de Turner ou de Constable, la visite s'achève en beauté avec les *Baigneurs à la Grenouillère* de Monet et *Les Tournesols* de Van Gogh, qui voisinent avec de somptueuses œuvres de Cézanne, Renoir et Seurat.
Trafalgar Square • ☎ 0207 747 28 85 • www.nationalgallery.org.uk • T.l.j. 10h-18h (21h ven.) ; f. 1er janv. et 24-26 déc. ; certaines ailes de la galerie sont parfois fermées le lun. jusqu'à 11h • Accès libre ; audioguide : 5 £.

❹ NATIONAL PORTRAIT GALLERY★★

Ce musée est autant un musée d'Histoire qu'un musée d'Art. Les œuvres qui composent sa collection, exclusivement des portraits, n'ont pas été sélectionnées pour le talent de leur auteur, mais plutôt pour l'importance des personnages qui y sont représentés. Rois, artistes, héros ou malfrats, tous ceux qui ont fait l'événement depuis le XIVe s. y sont réunis, y compris Margaret Thatcher et Mick Jagger.
Saint Martin's Place • ☎ 0207 306 00 55 • www.npg.org.uk • T.l.j. 10h-18h (21h ven.) • Accès libre (sf expos).

Pause avec vue : Portrait Restaurant

Il faut s'engager dans la National Portrait Gallery, sous le regard de ses hôtes illustres, pour trouver l'ascenseur qui mène au restaurant. Des tables nappées de blanc jouxtent de grandes fenêtres, faisant de la colonne Nelson et de Westminster Palace l'arrière-plan rêvé d'une pause chic à toute heure, entre matinal *bacon sandwich* (7 £), *afternoon tea* (29,50 £) et menu *pre-theatre* (3 plats à 25 £).

● **30 • 3e étage de la National Portrait Gallery • St Martin's Place • ☎ 0207 312 24 90 • www.npg.org.uk • Dim.-mer. 10h-17h, jeu.-sam. 10h-22h30 (dernière commande à 20h15 ; après 18h, entrée par Orange Street).**

➎ LEICESTER SQUARE★★

La façade de l'Odéon, énorme cinéma où ont lieu la plupart des avant-premières, domine cette fameuse place, sur laquelle furent érigées les statues de William Shakespeare et de Charlie Chaplin. Très pratique, un kiosque TKTS vend des places de théâtre à prix cassé pour les représentations du soir et des deux jours à venir (voir p. 156).

➏ CHINATOWN★

Pour trouver Chinatown, guettez les lampions rouges installés dans les rues ou passez sous le large portail oriental importé de Shanghai et installé sur Wardour Street. Ce quartier dans le quartier, avec Gerrard Street comme épicentre, est façonné par une communauté chinoise bien décidée à faire vivre ses traditions. Elle a multiplié les ouvertures d'épiceries et de restaurants au point qu'aujourd'hui, on croit franchir des fuseaux horaires en traversant une rue.

➐ CHARING CROSS ROAD★

Cette rue est renommée pour ses nombreuses **librairies,** parmi lesquelles la célèbre Foyles au n° 107, ☎ 0207 437 56 60 ; www.foyles.co.uk ; lun.-sam. 9h-21h, dim. 11h30-18h). Dans la portion plus au sud de la rue, vous trouverez des vendeurs d'occasion et des librairies spécialisées

Gerrard Street, Chinatown

tandis que le perpendiculaire **Cecil Court** vous plongera dans l'univers des bouquinistes. Vous y croiserez aussi des apprentis sorciers venus découvrir la rue qui a servi d'inspiration au chemin de Traverse de J. K. Rowling.

➑ PALACE THEATRE★

Shaftesbury Avenue est presque entièrement dédiée aux salles de spectacle : on en compte pas moins de huit, dont deux cinémas. Le Palace Theatre possède la façade la plus intéressante de toutes. Son intérieur très luxueux ne se visite qu'à l'occasion des spectacles.
109-113 Shaftesbury Ave
• ☎ 0330 333 4813 • www. nimaxtheatres.com

7 Covent Garden

Restos & bistrots p.133 | Bar & clubs p. 166 | Boutiques p. 193

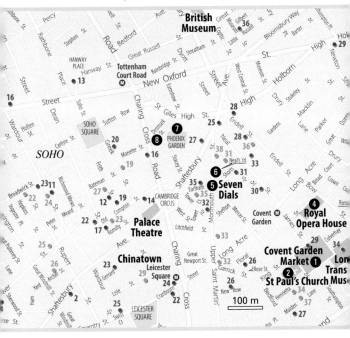

Toute l'animation de ce quartier aux rues pavées sembl s'articuler autour des halles qui abritaient autrefois un marché sur la première place publique de Londres. La zone est majori tairement dédiée au divertissement avec ses nombreux pubs restaurants, artistes de rue et son superbe opéra. C'est égale ment un haut lieu du shopping depuis les échoppes des halle et de leurs environs jusqu'aux rues des Seven Dials, ce micro quartier où se concentrent les boutiques branchées.

Covent Garden Market

structures de pierre, de verre et d'acier et la vocation marchande, entretenue par un marché artisanal (Apple Market et East Colonnade Market), des petites boutiques, bars, restaurants, etc. www.coventgarden.london • Apple Market : t.l.j. 10h-18h ; East Colonnade Market : t.l.j. 10h30-19h ; boutiques : lun.-sam. 10h-20h, dim. 11h-18h.

❶ COVENT GARDEN MARKET★★

Avant de devenir ce lieu sans cesse animé où se croisent touristes, artistes de rue et Londoniens en quête d'un lieu de sortie, cette place a connu de nombreuses vies. L'un de ses premiers usages connus est à chercher dans son nom : Covent Garden pour Convent Garden, les jardins du couvent. Le potager des moines de Westminster devint, au début du XVIIᵉ s., une piazza, d'inspiration italienne ; la première place publique de la ville. Rapidement, un marché s'y installa. Épargné par la peste de 1665 et l'incendie de 1666, il prospéra rapidement et la halle aux fruits et légumes fut agrandie à de multiples reprises avant de devoir quitter le centre de Londres. Il en reste les

❷ SAINT PAUL'S CHURCH★

Cette petite église aux abords du marché est aussi surnommée The Actors' Church, les artistes des nombreux théâtres alentour venant souvent s'y recueillir. Chaque banc de son petit jardin est dédié à des amoureux des lieux, citation ou belle phrase à l'appui. Embaumé de rosiers en été, ce bel espace vert accueille des spectacles en plein air et, en mai, le May Fayre and Puppet Festival consacré aux marionnettes s'y installe. Bedford St. • www.actorschurch.org • Lun.-sam. 8h30-17h (soumis aux événementiels du moment), dim. 9h-13h (17h lors des récitals).

❸ LONDON TRANSPORT MUSEUM★★

Pour tout savoir sur le métro londonien ou sur les célèbres taxis noirs, découvrez la plus grande collection au monde consacrée aux transports publics. Tous ces objets dévoilent une facette passionnante de la capitale britannique de la période victorienne à nos jours.

Covent Garden Piazza • ☎ 0207 379 63
44 • www.ltmuseum.co.uk • T.l.j. 10h-18h
• Entrée adulte : 18 £ ; enfants : gratuit.

❹ ROYAL OPERA HOUSE★★

Mahler dirigea Wagner dans ce
bâtiment qui date de 1858. Il
abrite aujourd'hui l'orchestre et le
ballet du Royal Opera, tous deux
mondialement célèbres. Il n'est
pas indispensable d'assister à
une représentation pour profiter
du lieu. L'opéra a mené un grand
chantier « Open Up », achevé à
l'automne 2018, afin de nouer
un lien plus étroit avec le public.
Ce renouveau, symbolisé par la
façade en verre de Bow St., invite
à pénétrer dans l'édifice pour
profiter des cafés et restaurants,
des expositions ou prendre part
aux diverses visites guidées qui
sont régulièrement organisées.
Bow St. • ☎ 0207 304 40 00
• www.roh.org.uk/tours/backstage-tour
• Visites : « Velvet, gilt and glamour
tour » (15 £), « Backstage tour » (15 £),
jours et les horaires sur le site.

❺ SEVEN DIALS★★

Avis aux shoppers effrénés !
Le village fashion de Londres
se déploie dans les petites
rues pavées et colorées autour
du rond-point de Seven Dials.
Le quartier concentre une centaine
de boutiques, bars et restaurants
aux concepts originaux. Vous
y dénicherez des créateurs
japonais rarissimes, des librairies
spécialisées dans la mode et
le graphisme, ou les dernières
tendances vintage et design.
www.sevendials.co.uk

❻ NEAL'S YARD★★

La plupart des visiteurs du
quartier passent à côté de cette
petite cour, qui ne figurait même
pas sur le plan de référence
(le fameux *London A to Z*)
jusqu'au milieu des années 1970.
Aussi photogénique que charmante
avec la palette de couleurs et
la végétalisation de ses façades
ainsi que ses commerces
indépendants, elle vaut pourtant

Pause caféinée chez Monmouth Coffee

En poussant la porte du Monmouth Coffee, on découvre avec stu-
péfaction que l'on n'a jamais vraiment bu de café. Brésil, Guatemala,
Colombie, Kenya ou Indonésie... les patrons de cette institution ouverte
en 1978 cumulent les miles à la recherche des meilleurs crus. On peut y
boire un café (à partir de 3,10 £), manger des croissants ou des pâtisseries (délicieuses), déjeuner et faire le plein de café à emporter chez soi.

● 38 • 27 Monmouth St. • ☎ 0207 232 30 10 • www.monmouthcoffee.co.uk
• Lun.-sam. 8h-18h30.

Neal's Yard

e détour. L'on y accède par
hort Gardens ou par un
assage dans Monmouth Street,
grémenté en 2017 d'une
euvre de Bambi représentant la
rincesse Diana en Mary Poppins,
ac Harrods à la main.

❼ PHOENIX GARDEN★

Entièrement géré par les habitants
u quartier, ce petit jardin urbain
ommencé en 1981 reste peu
onnu en dehors. Et pourtant, quel
avre de paix ! Les volontaires lui
aissent un côté un peu sauvage
our encourager oiseaux, abeilles
t insectes à s'installer. Cherchez
ien, le *street artist* Stik y a créé
une de ses fresques géantes.
1 Stacey St. (accès par St. Giles
assage) • www.thephoenixgarden.org
De l'aube au crépuscule.

❽ DENMARK STREET★

Si vous êtes fan de rock et de brit
pop, passez voir cette rue avant
que les promoteurs n'en viennent
à bout. Quelques boutiques
d'instruments témoignent d'une
glorieuse époque où tous les
musiciens débutants se retrouvaient
dans la rue, alors surnommée
« Tin Pan Alley », sans doute
pour les bruits de casseroles *(tin
pan)* qui s'en échappaient parfois.
Nombre d'entre eux, dont David
Bowie et Elton John, pouvaient
être trouvés au Gioconda Café,
autrefois situé au n° 9, espérant
trouver un « gig » de dernière
minute ou se faire recruter dans
un groupe. Au n° 4, Regent Sounds
était connu pour être le studio
d'enregistrement le moins cher
de la ville, c'est de là que sortit le
premier disque des Rolling Stones.

8 Holborn
& LE BRITISH MUSEUM

Restos & bistrots p. 135 ı Bar & clubs p. 167 ı Boutiques p. 196

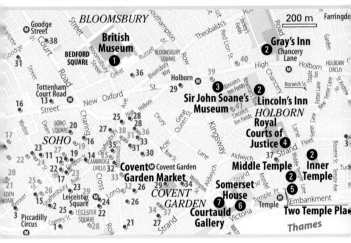

« Que tes pieds, pour les millénaires à venir, soient placés au milieu de la connaissance », tels sont les mots du poète Tennyson, gravés dans le sol du British Museum, l'un des plus importants musées de la planète. Poser ses pieds dans Holborn, c'est aussi côtoyer le savoir de la loi. Entre collèges d'avocats (Inns) et Cour de justice, le quartier vit au rythme des procès depuis le Moyen Âge et invite à un voyage dans le temps.

❶ BRITISH MUSEUM★★★

À son ouverture en 1753, il fait sensation : c'est le premier musée national gratuit au monde ! Ses premières collections furent financées par une loterie publique, puis enrichies au fil du temps par les legs, l'apport des voyageurs, d'explorateurs et les conquêtes britanniques. Aujourd'hui, il offre un véritable voyage à travers le temps et les civilisations. En quelques heures, vous passerez de palais assyriens aux momies égyptiennes, des métopes du Parthénon à a fameuse pierre de Rosette. Impossible de tout voir en un jour ! N'oubliez pas de vous promener le nez en l'air dans la Great Court : la verrière faite de 3 312 pièces de verre, toutes différentes, œuvre de Norman Foster, est de toute beauté. Pour éviter la foule, venez le vendredi soir, les galeries restent ouvertes jusqu'à 20h30.

Antiquités égyptiennes

C'est en salle 4 que l'on peut admirer la célèbre pierre de Rosette (196 av. J.-C.), qui permit à Champollion de déchiffrer les hiéroglyphes. On y découvre aussi des statues colossales de divinités et de pharaons, comme le buste de Ramsès II. Les splendides sarcophages peints et les momies fascinent toujours autant (s. 62 et 63).

Antiquités grecques et romaines

À voir en priorité : les marbres d'Elgin, fragments de la frise du Parthénon (s. 18), et les vestiges de deux des Sept Merveilles du monde : le mausolée d'Halicarnasse (s. 21) et le temple d'Artémis (s. 22). Dans la salle 70, consacrée à l'Empire romain, arrêtez-vous devant le vase de Portland. Cette pièce du Ier s. ap. J.-C. est l'une des plus célèbres du musée.

Antiquités du Proche-Orient

De splendides créations de grandes civilisations souvent méconnues.

Les portes du palais de Khorsabad gardées par des taureaux ailés (s. 10) et le fabuleux trésor royal d'Oxus sont à voir absolument.

Préhistoire et antiquités anglo-romaines

Pour la curiosité, allez voir l'homme de Lindow, jeune homme de 25 ans mort il y a 2 000 ans, retrouvé dans un marécage et dont la peau a subsisté.

Antiquités médiévales

Découvert dans le tombeau d'un roi anglo-saxon du VIIe s., le trésor de Sutton Hoo comprend un casque, un bouclier, une épée ainsi que des pièces d'or (s. 41). Unique !

Antiquités orientales

Arrêtez-vous devant les superbes sculptures indiennes du stupa d'Amaravati (s. 33), et les salles consacrées à la culture japonaise (s. 92 à 94). Depuis l'automne 2018, la nouvelle Abukhary Foundations Gallery (s. 42 à 54) est dédiée à l'art islamique, depuis ses origines. Elle s'attarde sur trois grandes dynasties : les Ottomans, les Séfévides et les Moghols. **Great Russell St. • ☎ 0207 323 82 99 • www.britishmuseum.org • T.l.j. 10h-17h30 (20h30 ven.) ; Ven. saint 10h-17h30, f. 24-26 déc. • Accès libre, certaines vis. guidées thématiques sont gratuites (pour plus d'infos, consulter le site) • Guide multimédia : 7 £.**

❷ INNS OF COURT★

Le quartier abrite les quatre derniers collèges d'avocats de Londres. À la fois lieux d'apprentissage, d'hébergement et d'exercice des avocats, ils s'organisent autour d'un grand hall, d'une chapelle, de bibliothèques, de cabinets et de chambres. **Lincoln's Inn** est le plus pittoresque avec son vieux hall du XVe s. et sa chapelle gothique. **Inner Temple** abrite Temple Church, rendue célèbre par *The Da Vinci Code,* le best-seller de Dan Brown. **Gray's Inn,** fondé au XIVe s., est connu pour avoir accueilli Francis Bacon ainsi que pour The Walks, un vaste jardin ouvert au public à l'heure du déjeuner la semaine. Pour un lunch plus chic encore, vous pouvez réserver une place à la table des membres du **Middle Temple.**

Lincoln's Inn : entrée principale au croisement de Lincoln's Inn Fields et Serle St. (lun.-ven. 7h-19h). Dates des visites guidées des bâtiments sur www.lincolnsinn.org.uk • **Inner Temple :** entrée principale par Middle Temple Ln. perpendiculaire à Fleet St. ; Temple Church : lun.-ven. 10h-16h (soumis à variations) ; www.templechurch.com entrée : 5 £ • **Gray's Inn :** entrée principale 8 South Square ; www.graysinn.org.uk ; The Walks : lun.-ven. 12h-14h30 • **Middle Temple :** entrée par Middle Temple Ln. ; www.middletemple.org.uk ; lunch (à partir de 25 £), sur résa (☎ 0207 427 4820, events@middletemple.org.uk) ; jardin : lun.-ven. 12h30-15h.

❸ SIR JOHN SOANE'S MUSEUM★★★

En 1813, l'architecte John Soane ouvrait les portes de sa demeure, transformée en galerie d'exposition, pour inspirer et éduquer les étudiants en art. Il a réuni une incroyable collection d'œuvres d'art, du sarcophage égyptien de Seti Ier aux toiles de Canaletto. Les appartements privés et la *model room* de sir John Soane sont également accessibles. Les Soane Lates, visites à thème à la lueur de bougies, sont régulièrement organisées (dates sur le site Internet).

Inns of Court

3 Lincoln's Inn Fields • ☎ 0207 405 21
⸱7 • www.soane.org • Mer.-dim. 10h-17h
Accès libre
Musée : vis. guidée jeu.-ven. 12h
⸱t sam.-dim. 11h et 12h (15 £, résa
⸱ecommandée).
Appartements privés : vis. guidée mer.-
⸱im. 13h15 et 14h (gratuite).

④ ROYAL COURTS OF JUSTICE★

⸱nauguré par la reine Victoria
⸱n 1882, cet édifice néogothique
⸱brite la Cour royale de justice.
⸱a plupart des audiences sont
⸱ubliques et permettent d'observer
⸱es juges en robe rouge, coiffés
⸱epuis 300 ans de leurs fameuses
⸱erruques bouclées. Devant le
⸱âtiment se trouve le Temple Bar
⸱lemorial marquant l'emplacement
⸱e la porte qui fermait autrefois
⸱accès à la Cité de Londres.
⸱trand • ☎ 0207 947 60 00
www.theroyalcourtsofjustice.com
Lun.-ven. 9h30-16h30 ; f. août-sept.
Accès libre • Visites guidées (1h-1h15) :
⸱3 £, rens. et résa en ligne.

Sir John Soane's Museum

⑤ TWO TEMPLE PLACE★★

Cette demeure néogothique,
construite en 1895 pour le
milliardaire américain William
Waldorf Astor, est une perle
architecturale de la capitale. John
Loughborough Pearson a laissé
libre cours à son imagination et
fait appel aux meilleurs artistes
de l'époque. Du Great Hall de

Pause verdure au Fields Bar & Kitchen

Les Lincolns Inn Fields cachent un café avec une vue récréative sur
des courts de tennis. La spécialité de la maison : des pizzas cuites
au feu de bois (dès 11,50 £). Jusqu'à 14h, vous y trouverez également des classiques du petit déjeuner anglais, bacon sandwich
(5,50 £) et full English breakfast (11 £) en tête. Le tout est encore
meilleur par beau temps, en profitant de la terrasse... ou de la
pelouse du parc !

● 41 • Lincoln's Inn Fields (au milieu du parc) • ☎ 0207 242 53 51
• www.benugo.com • Lun.-ven. 8h-18h30, sam.-dim. 9h-15h.

style Tudor à la bibliothèque en passant par le grand escalier et sa galerie, c'est une profusion de sculptures et de frises en bois, de mosaïques en marbre et en jaspe, de plafonds à caissons et de vitraux. Époustouflant !
2 Temple Pl. • ☎ 0207 836 37 15
• www.twotempleplace.org
• Ouv. lors des expos temporaires seulement (de fin janv. à avr.) : lun. et jeu.-sam. 10h-16h30, mer. 10h-21h, dim. 11h-16h30 • Accès libre.

❻ SOMERSET HOUSE★★★

Construit à la fin du XVIIIe s., l'imposant palais néoclassique signé sir William Chambers fut longtemps le centre de la Royal Academy of Arts. La grande cour bordée de façades palladiennes est irriguée de 55 jets d'eau, où l'on vient se rafraîchir l'été. Investie par une patinoire l'hiver, elle accueille aussi des concerts pop et des projections de films. De l'autre côté, profitez de la terrasse du Déli Café, qui surplombe la Tamise.
Strand • ☎ 0207 845 46 00
• www.somersethouse.org.uk
• Sam.-mar. 10h-18h, mer.-ven. 11h-20h
• Accès libre (certains événements et expos sont payants) • Edmond J. Safra Fountain Court : t.l.j. 7h30-23h.

❼ COURTAULD GALLERY★★★

Actuellement fermé pour une ambitieuse rénovation qui verra les espaces d'exposition et d'accueil

réorganisés et agrandis, ce musée, logé dans une aile de Somerset House, abrite une collection d'art vaste et prestigieuse. Riches peintures, dessins, gravures et sculptures dévoilent l'art depuis le Moyen Âge jusqu'au XXe s. en passant par l'impressionnisme français. Il accueille chaque année des expositions d'envergure internationale à ne manquer sous aucun prétexte quand vous êtes à Londres !

Impressionnisme et postimpressionnisme

C'est en grande partie au pionnier et grand collectionneur Samuel Courtauld que l'on doit la réunion de ces chefs-d'œuvre de la peinture française moderne. Parmi les œuvres les plus populaires, admirez l'énigmatique *Bar aux Folies Bergère* de Manet (essayez de percer le mystère du reflet décalé dans le miroir !), *La Loge* de Renoir, sans oublier les paysages de Monet et les scènes tahitiennes de Gauguin. *Femme nue* de Modigliani *Jeune femme se poudrant* de Seurat et *Autoportrait avec pansement sur l'oreille* de Van Gogh jalonneront votre incursion dans le postimpressionnisme.

Les grands maîtres

Vous serez ébloui par les trésors de la Renaissance italienne et du nord de l'Europe. Parmi les peintures de Botticelli, du Tintoret, de Véronèse et de Bruegel

Somerset House

Ancien, on ne manquera pas le ~uperbe *Adam et Ève* de Cranach. ~uant aux amoureux du baroque, ~s seront comblés par une très ~elle série de Rubens illuminée ~ar la *Descente de Croix*. ~ap sur le XVIIIe s. avec des ~ortraits de Gainsborough ~t des huiles du Vénitien Tiepolo ~vant de finir en beauté avec ~s peintures fauves de Matisse ~Femme en kimono), Dufy et ~erain, et l'expressionnisme ~e Kandinsky.

~es autres collections

~s amateurs d'arts décoratifs ~ourront apprécier une

intéressante collection de meubles Renaissance, de porcelaines françaises et de verres vénitiens. Différentes sculptures sont dispersées dans les salles du musée, des bas-reliefs antiques aux danseuses de Degas. La fabuleuse collection de 7 000 dessins et 20 000 gravures est exposée en rotation tant le fonds est riche. Elle comprend des Dürer, des Michel-Ange, des Toulouse-Lautrec et des Cézanne.

Somerset House, Strand
• ☎ 0207 848 25 26
• www.courtauld.ac.uk
• **Fermé pour rénovation jusqu'au premier trimestre 2021 .**

Restos & bistrots p. 135 | Bar & clubs p. 168

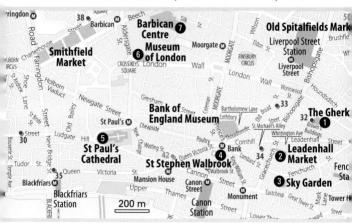

Première place financière du monde, la City est agitée par d'effervescents ballets de traders en semaine et désertée le week-end. Difficile d'imaginer, au pied des hautes tours de verre et d'acier qui répondent à l'impressionnant dôme de la cathédrale Saint-Paul, que la City est en fait le plus ancien quartier de la ville. Le grand incendie de 1666 est passé par là, offrant une page blanche aux bâtisseurs du XVIIe siècle, Christophe Wren en tête. Norman Foster et d'autres grands noms du paysage architectural actuel se sont chargés des chapitres suivants. L'œil attentif attrapera quelques témoignages du passé coincés entre deux buildings contemporains.

❶ THE GHERKIN★★

Le nom officiel du bâtiment est 30 St Mary Axe (son adresse), mais c'est par son surnom, The Gherkin

(« le cornichon », référence à sa forme oblongue), que ce géant de verre est désormais le plus connu. Construit en 2003 par le cabinet de l'architecte britannique Norman

Vue depuis le Sky Garden

oster, l'immeuble de 180 m de haut
st l'une des silhouettes les plus
onnues de la skyline londonienne.
e bâtiment fait l'objet de visites
uidées durant le week-end Open
House de septembre, mais vous
ouvez y pénétrer toute l'année
our vous rendre au bar Iris ou
u très chic restaurant Helix,
espectivement situés aux 40^e
t 39e étages (résa conseillée
ur www.searcysattthegherkin.
o.uk) ou bien au café Konditor
< Cook, plus modestement
itué au rez-de-chaussée.
O St Mary Axe
www.thegherkinlondon.com

toujours quelques marchands de
gibier (la spécialité encore vendue
en saison depuis le Moyen Âge),
un poissonnier ou un fromager,
mais les boutiques de vêtements
et de souvenirs ont grignoté
sur le commerce de bouche.
Il faut y aller en semaine, le matin
ou le midi, quand les employés
de la City s'y pressent pour un
expresso ou un déjeuner vite
avalé. Le week-end, tout est
fermé à l'exception des pubs.
Whittington Ave
• www.cityoflondon.gov.uk
• Galerie ouverte t.l.j., horaires variables
pour les boutiques.

❷ LEADENHALL MARKET**

.a magnifique structure
ictorienne de sir Horace Jones
ui couvre ce marché abrite

❸ SKY GARDEN***

Imaginez une vue époustouflante
sur la ville, à 360°, à travers
une gigantesque baie vitrée ou
depuis une terrasse perchée au

Saint Paul's Cathedral

35ᵉ étage. Complétez le tableau avec une ambiance de forêt urbaine. Non seulement ce lieu idyllique existe, mais il est de plus accessible gratuitement, sur simple réservation en ligne. Si vous n'avez pas réservé, tentez votre chance en semaine, entre 10h et 11h30 ou entre 14h et 16h30, ou visez les entrées sans réservation *(walk-in)* du Sky Pod Bar le soir (lun.-ven. à partir de 18h15, sam.-dim. à partir de 21h15). Possibilité également de mêler vue et repas en réservant dans l'un des restaurants. Ceux qui se contenteront d'observer le bâtiment depuis la rue peuvent comparer ses lignes avec celle de l'objet qui lui valut son surnom : The Walkie-Talkie.
20 Fenchurch St.
• www.skygarden.london • Panorama : lun.-ven. 10h-18h, sam.-dim. 11h-18h ;

entrée gratuite sur résa • Restaurants et bars : lun.-jeu. 7h-minuit, ven. 7h-1h, sam. 8h-1h, dim. 8h-minuit.

❹ SAINT STEPHEN WALBROOK★★

Construit entre 1672 et 1679, c'est le plus petit édifice conçu par l'architecte Christopher Wren. Si le dépouillement extérieur vous laisse de marbre, n'hésitez pas à entrer dans ce sanctuaire tout blanc, flanqué de boiseries sombres, pour y admirer la jolie coupole à caissons surmontée d'une lanterne. Elle aurait inspiré celle de la cathédrale Saint-Paul. Concerts d'orgue le vendredi à 12h30.
39 Walbrook St. • ☎ 0207 626 90 00
• www.ststephenwalbrook.net
• Lun.-ven. 10h-16h • Accès libre.

⑤ SAINT PAUL'S CATHEDRAL★★★

n 604, une cathédrale fut rigée à la gloire de saint Paul, ur un site autrefois consacré à la déesse romaine Diane. Les ifférentes versions qui furent onstruites depuis cette première athédrale en bois jusqu'au nonument que nous pouvons ontempler aujourd'hui connurent ne histoire mouvementée. Le eu de culte fut utilisé comme narché sous Henri VIII et comme écurie par Cromwell (révolution anglaise). Il fut endommagé par les Vikings, par la foudre et par de multiples incendies dont le fameux grand incendie de 1666.

L'incendie de 1666

C'est à Christopher Wren, premier architecte du roi Charles II qui fit renaître une grande partie de la ville de ses cendres, que furent confiés les travaux de l'actuelle cathédrale (1675-1710). Il opta pour son matériau de prédilection :

Pause Art nouveau au Blackfriar Pub

Le seul pub Art nouveau de Londres est une curiosité plantée au milieu des buildings. Le décor intérieur est très surprenant et vaut le détour. Conçu en 1905, il se compose de mosaïques, de marbres sculptés et de bronzes représentant des moines gras-souillets portant des cruches de vin ou pêchant du poisson. Le verre de vin coûte entre 4,50 et 6 £, et on goûte à cette ambiance de monastère en lisant sur les murs des devises qui font sourire. Toutefois, méfiez-vous... on dit que les lieux sont hantés.

● **35 174 Queen Victoria St.**
● ☎ **0207 236 54 74**
● **www.nicholsonspubs.co.uk/ theblackfriarblackfriarslondon**
● **Lun.-ven. 10h-23h, sam. 9h-23h, dim. 12h-22h30.**

la claire pierre de Portland, qui tranche avec les briques rouges des bâtiments voisins, et l'on reconnaît les lignes du baroque anglais, cher au bâtisseur, mêlées à de l'architecture classique. Le fastueux intérieur est marqué par de longues rangées de stalles de bois, de riches mosaïques et par un sol en damier.

Le dôme

De par sa taille et sa forme, il n'est pas sans rappeler Saint-Pierre de Rome : sa hauteur est de 110 m et son diamètre de 31 m. Pour les plus courageux, 530 marches sont à monter afin d'arriver à la Galerie dorée. On a alors une superbe vue sur la City.

La galerie des Murmures

Elle est nommée ainsi à cause de son acoustique. Des chuchotements émis près de la paroi pourront être entendus de l'autre côté, tandis que des cris émis vers l'extérieur ne pourront être perçus. Au moment de la sortie de ce guide, l'accès à la galerie était suspendu jusqu'à une date inconnue.

La crypte

La cathédrale est également connue comme lieu de cérémonies et monument funéraire. C'est ici que furent célébrées les funérailles nationales de Winston Churchill en 1965 et le mariage de Lady Diana avec le prince Charles en 1981, resté célèbre pour son faste. La première sépulture fut celle de Wren lui-même en 1723. Y ont ensuite été inhumés l'amiral Nelson, le duc de Wellington, le peintre William Turner ainsi que Lawrence d'Arabie.

Saint Paul's Churchyard • ☎ 0207 246 83 57 (t.l.j. sf mer. 9h-14h45) • www. stpauls.co.uk • Lun.-sam. 8h30-16h30, office dim. 11h • Entrée : 20 £ (17 £ en ligne) ; tarif famille : 48,50 £ (41,20 £ en ligne) • Visite guidée en anglais ou audioguide en français (inclus dans le prix).

❻ MUSEUM OF LONDON★★★

Ce musée captivant raconte l'histoire des Londoniens de la préhistoire à nos jours à travers

Museum of L

Barbican Centre

une riche collection d'objets mis en scène de façon très ludique. Son parcours vous fera découvrir des sculptures romaines, des chaussures en cuir du Moyen Âge, des bijoux et des costumes d'époques Tudor et Stuart, le masque mortuaire de Cromwell, la maquette animée du grand incendie, le carrosse flamboyant utilisé lors de la procession du lord-maire, des devantures de boutiques de l'époque victorienne ainsi que des films d'époque évoquant les suffragettes.
150 London Wall • ☎ 0207 001 98 44 • www.museumoflondon.org.uk • T.l.j. 10h-18h ; f. 24-26 déc. • Accès libre.

❼ BARBICAN CENTRE★★

Expositions, visites guidées, projections, concerts, ateliers, marché de créateurs, démonstrations en tout genre ; il se passe toujours quelque chose d'exaltant dans ce vaste centre multiculturel qui mêle salle de spectacle, cinéma, bars, restaurants, etc. La simple visite du complexe est enrichissante. Il fait partie d'un plus large projet architectural des années 1970. Sur une immense dalle surplombant le trafic routier sont posés des bâtiments aux formes brutalistes, dont trois hautes tours triangulaires et des barres résidentielles. La plus intéressante perspective est probablement celle offerte par le lac, coupé de la rumeur de la ville par cette gigantesque enceinte de béton. Autre touche de verdure, le jardin d'hiver (conservatory) est ouvert au public certains dimanches, entre 12h et 17h (entrée libre).
Silk St. • ☎ 0207 638 88 91 • www.barbican.org.uk • Lun.-sam. 9h-23h, dim. 11h-23h • Art Gallery & Gallery Shop : sam.-mer. 10h-18h, jeu.-ven. 10h-21h • Entrée libre, mais résa conseillée pour les expositions et événements.

Restos & bistrots p. 136 | Bar & clubs p. 169 | Boutiques p. 197

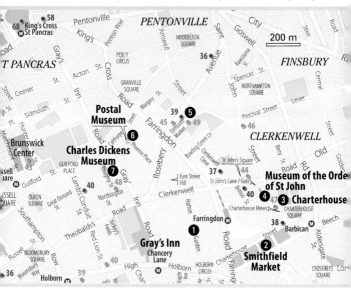

Quartier populaire, jadis peuplé d'intellectuels comme Dickens et d'ouvriers, Clerkenwell a longtemps eu l'âme militante. Un mouvement ouvrier, le chartisme, s'y développa au XIXᵉ s. et l'on raconte que c'est au Crown Tavern, un pub qui borde Clerkenwell Green, que Lénine et Staline se rencontrèrent en 1905. Les distilleries et imprimeries d'autrefois ont fait place à des agences de pub ainsi qu'à des bureaux d'architecture, de graphisme et de création web. Leur présence, couplée à celle des nombreuses boutiques déco, notamment autour d'Exmouth Market, font de Clerkenwell l'un des hauts lieux du design dans la ville.

Smithfield Market

❶ HATTON GARDEN★★

La plus précieuse rue de Londres déroule un long chapelet de vitrines scintillantes. Hatton Garden, et plus largement le quartier de Clerkenwell, est le fief des joailliers depuis le Moyen Âge. De l'ancien au contemporain, du classique au futuriste, on y déniche des bijoux pour tous les goûts et pour toutes les occasions.

❷ SMITHFIELD MARKET★★

Impossible de manquer ce marché de la viande installé sous une magnifique halle victorienne décorée des dragons de saint George. Bientôt un millénaire que l'on fait ici commerce du bétail et de sa viande dans une ambiance pittoresque. Il est vivement conseillé d'arriver avant 7h, puis d'aller goûter les produits du marché au fameux **Smiths of Smithfield** (67-77 Charterhouse St.,

☎ 0207 251 79 50, www.smithsofsmithfield.co.uk). **London Central Markets, Charterhouse St.** • www.smithfield market.com • Lun.-ven. 2h-9h (12h pour certaines échoppes).

❸ CHARTERHOUSE★★

Cet ancien monastère fondé au XIVe s. fut dissous en 1538 ; et ses moines, écartelés pour avoir refusé de se soumettre à l'autorité du roi Henri VIII. Tour à tour manoir privé, hôpital, école pour garçons et aujourd'hui hospice pour religieux, l'ancienne chartreuse a subi de nombreuses modifications, mais la salle Tudor (Great Hall) et la Grande Chambre (Great Chamber) demeurent des témoignages uniques du XVIe s. Depuis 2017, un musée raconte l'histoire du lieu. **Charterhouse Square**
• ☎ 0207 253 95 03
• www.thecharterhouse.org • Visite guidée « Brother's tour » (20 £ ; 2 h) mar., jeu. et sam.-dim. 14h15 ;

visite guidée classique (15 £ ; 55 min)
mar.-dim. 11h30, 12h et 14h • Musée :
☎ 0203 818 88 73 • Mar.-dim. 11h-
17h20 • Accès libre.

④ MUSEUM OF THE ORDER OF SAINT JOHN★★

Le musée de l'Ordre des
hospitaliers de Saint-Jean ne
devrait pas décevoir les amateurs
d'architecture médiévale. C'est
dans ce prieuré du XIIᵉ s. que
l'Ordre avait pris ses quartiers
jusqu'à sa dissolution par
Henri VIII. La salle du Chapitre
et la Chambre du conseil,
redécorées au XIXᵉ s., présentent
une belle collection de meubles
du XVIᵉ s. À ne pas manquer :
l'église du prieuré et sa crypte
d'époque normande, situées
de l'autre côté de la rue.
Saint John's Gate/ Saint John's Lane
• ☎ 0207 324 40 05
• www.museumstjohn.org.uk • Lun.-
sam. 10h-17h (dim. 10h-17h juil.-sept.) ;
f. pendant les fêtes • Visite guidée
mar. et ven.-sam. 11h et 14h30 (dim.
14h juil.-sept.) • Accès libre (donation
suggérée de 6 £ pour la visite guidée).

⑤ EXMOUTH MARKET★★

Impossible de ne pas craquer
pour l'ambiance village de cette
petite rue dans laquelle on flâne
d'une boutique indépendante à
l'autre. Au nº 27, chez Brill, on
boit son café en choisissant des
vinyles. Au nº 37, on s'imprègne de
l'univers fleuri de Botanique, entre
imprimés Liberty et vraies fleurs
fraîches. Au nº 53, on craque pour
la papeterie haut de gamme de
Marby & Elm, tandis qu'on joue au
baby-foot au Café Kick (nº 43).
Liste des boutiques sur
www.exmouth.london

⑥ POSTAL MUSEUM★★

En 2017, ce musée a réveillé le Mail
Rail, un réseau souterrain autrefois
destiné à la distribution du courrier.
Un voyage de 15 minutes à bord
d'un petit train permet de le
découvrir tandis que le reste du
musée rend un bel hommage aux
services postaux de ce pays qui,
excusez du peu, inventa le timbre-
poste ! Une visite 100 % familiale,
émaillée de divers défis ludiques

Pause tapas au Morito

Il et elle partageaient un prénom, Sam, une profession, chef, et une
passion pour les saveurs méditerranéennes. Ils se sont mariés et ont
décidé d'acheter un van et de partir découvrir l'Espagne et le Maroc
avant d'ouvrir ce bar à tapas ainsi que son voisin, Moro.
● 49 • 32 Exmouth Market • ☎ 0207 278 70 07 • www.morito.co.uk • Lun.-
ven. 12h-16h et 17h-23h, sam.-dim. 11h-16h et 17h-23h • Tapas de 2,50 à
14 £.

invitant à dessiner son propre timbre ou encore à trier les colis le plus rapidement possible.

Réservé aux enfants !

Les enfants, jusqu'à 8 ans, adoreront l'espace baptisé « Sorted! », cette magnifique salle de jeu accessible par session de 45 minutes. Comme de vrais employés de la Poste, ils pourront déplacer le courrier, le déposer dans les boîtes aux lettres ou encore peser les colis des clients.
15-20 Phoenix Place
• ☎ 0300 0300 700
• www.postalmuseum.org
• T.l.j. 10h-17h • Entrée : 17 £, enfants 10 £ • Sorted! : supp. 3 £ sur le ticket enfant ou billet 4 £ sans visite du musée.

❼ CHARLES DICKENS MUSEUM★★

C'est dans cette demeure que Charles Dickens connut le succès. Quand il y emménagea en 1837, il écrivait encore sous le pseudonyme de Boz, mais quand il la quitta trois ans plus tard, ce fut auréolé du très bon accueil réservé à *Oliver Twist*, *Nicholas Nickelby* et aux *Aventures de M. Pickwick*. La reconstitution d'un intérieur victorien plonge le visiteur dans l'ambiance du XIXe s. tandis que l'audioguide informe sur l'époque ainsi que, bien sûr, sur la vie et l'œuvre de Dickens.
48 Doughty St. • ☎ 0207 405 21 27
• www.dickensmuseum.com • Mar.-dim. 10h-17h ; visites guidées, voir les dates sur le site • Entrée : 9,50 £ + audioguide recommandé (français disponible) : 3 £.

Charles Dickens Museum

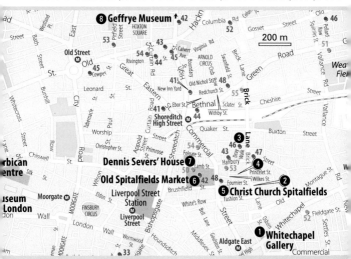

« Le grand cloaque puant », c'est en ces termes qu'était décrit l'East End au XVIIe s. Les siècles suivants furent tout aussi difficiles pour cette terre de la plèbe, de l'accent cockney et de l'immigration ; il fut le théâtre de la misère si bien décrite par Dickens et des meurtres de Jack L'Éventreur. Épicé par les échoppes aux odeurs du sous-continent indien, coloré par le street art et stimulé par une faune en quête de lieux branchés, le quartier de Shoreditch et Spitalfields est désormais l'une des destinations les plus courues du week-end.

❶ WHITECHAPEL GALLERY★★

Fondée en 1901, cette galerie d'art a exposé Constable, Rubens, Picasso ou encore Pollock. Aujourd'hui spécialisée dans l'art moderne et contemporain, elle présente les travaux d'artistes de renommée internationale. Le premier jeudi du

mois, lors des First Thursdays, la galerie organise une nocturne ainsi que des visites guidées du quartier (à pied ou en bus), pour découvrir d'autres lieux d'art dans l'East End.
77-82 Whitechapel High St. • ☎ 0207 522 78 88 • www.whitechapelgallery. org • Mar.-dim. 11h-18h (21h jeu.) • Accès libre sf pour certaines expositions.

❷ BRICK LANE★★

Plaque de rues écrites en bengali, boutiques de saris et restaurants vantant les récompenses obtenues par leurs currys... pas de doute, nous sommes au cœur de Banglatown, quartier animé depuis les années 1950 par une immigration venue du sous-continent indien. Au n°59, une ancienne église devenue plus tard synagogue est aujourd'hui une mosquée. Le week-end, et particulièrement le dimanche (9h-7h), quand le **Brick Lane Market** bat son plein, la rue exprime tout le potentiel de son brassage culturel, récemment enrichi d'une population arty et branchée.

❸ OLD TRUMAN BREWERY★★

Avec son iconique cheminée, la Old Truman Brewery est représentative de l'élan de « hype » dont bénéficie le quartier. La brasserie, venue remplacer des usines textiles à la fin du XIXᵉ s., est aujourd'hui devenue un important hub culturel. Rough Trade, le célèbre label de musique, est là, et le **Sunday Up Market** (n° 91, www.sundayupmarket. co.uk) réunit chaque dimanche, de 10h à 17h, jeunes créateurs et cuisines du monde.
91 Brick Lane • ☎ 0207 770 60 01 • www.trumanbrewery.com

❹ FOURNIER, WILKES ET PRINCELET STREETS

C'est dans cette zone que se réfugièrent plusieurs populations opprimées dès le XVIᵉ s. Nombre de huguenots s'exilèrent ici après la révocation de l'édit de Nantes et y installèrent leurs ateliers de tisserands, comme en

Pause frissonnante chez The Ten Bells

Si le nom de ce pub – renvoyant aux cloches de Christ Church – vous dit quelque chose, c'est probablement parce que deux victimes de Jack l'Éventreur, Annie Chapman et Mary Kelly, y auraient eu leurs habitudes... Du XIXᵉ s., le pub a conservé la faïence bleu et blanc qui habille ses murs et une peinture sur carreaux qui évoque le quartier des tisserands.
● **48 • 84 Commercial St. • ☎ 0207 247 75 32 • www.tenbells.com • Lun.-mer. et dim. 12h-minuit, jeu.-sam. 12h-1h • Bière : à partir de 5 £ ; cheeseburger : 8 £.**

témoignent les toits mansardés qui permettaient d'installer les métiers et les larges fenêtres apportant la lumière nécessaire. Fuyant famine et pogroms, les immigrés irlandais et les juifs de Russie les remplacèrent dès les années 1850, avant de se disperser à leur tour dans tous les quartiers de la ville.

❺ CHRIST CHURCH SPITALFIELDS★★

C'est l'œuvre de Nicholas Hawksmoor, un maître du baroque anglais. Au début du XVIIIᵉ s., sa construction devait permettre à l'Église anglicane d'affirmer son autorité sur la puissante communauté de tisserands huguenots de Spitalfields. Avec son portique toscan à colonnes et sa riche décoration intérieure, l'église avait tous les atouts pour séduire les récalcitrants. À l'angle de Commercial St. et Fournier St. • ☎ 0207 377 24 40 • www.ccspits.org • Lun.-ven. 10h-16h, dim. 13h-16h.

❻ OLD SPITALFIELDS MARKET★★

Seuls quelques « bars à jus » viennent rappeler que se tenait ici autrefois un immense marché aux fruits et légumes. De grandes marques internationales occupent désormais tout le contour en brique du marché. Sous la halle du bâtiment victorien, largement rénové en 2008, ce sont des échoppes de créateurs ou de vintage qui ont pris le relais. Dans le nouveau plan, le cabinet de Norman Foster a intégré The

Dennis Severs' House

Kitchen, un repaire pour foodies avec des chefs triés sur le volet. 23 Brushfield St. • www.oldspitalfieldsmarket.com • **Boutiques** : t.l.j. 10h-19h • **Marché** : lun-mer. et ven.-sam. 10h-18h, jeu. 7h-18h, dim. 10h-17h • **The Kitchen** : lun.-ven. 11h-20h, sam. 11h-18h, dim. 11h-17h.

❼ DENNIS SEVERS' HOUSE★

C'est à l'artiste Dennis Severs (1948-1999) que l'on doit l'expérience la plus magique de Londres. À travers une reconstitution époustouflante de réalisme, il fait le portrait des Jervis, une famille de tisserands huguenots, des années 1720 à la fin du XIXᵉ s. Chacune des 10 pièces a été conçue à la manière d'un tableau, mais en entrant dans le cadre, c'est tout un monde passé qui s'anime, avec ses odeurs, ses bruits, ses lumières chaudes et embrumées à la façon d'un tableau de maître hollandais... mais chut ! Voici les Jervis qui reviennent...
18 Folgate St. • ☎ 0207 247 40 13 www.dennissevershouse.co.uk *Silent Night »* : lun., mer. et ven. 17h-1h • Entrée : 15 £, 17,50 £ durant la période de Noël (résa obligatoire) *Visite de jour* : dim. 12h-16h, lun. 12h-14h • Entrée : 10 £ (sans résa).

❽ GEFFRYE MUSEUM★

Musée de la Maison, le Geffrye retrace l'évolution des intérieurs anglais sur plus de 400 ans. Il est fermé pour travaux jusqu'en 2020,

mais son jardin reste accessible au public et des visites guidées de l'hospice sont encore organisées (calendrier sur le site Internet). 136 Kingsland Rd • Mᵒ Hoxton • ☎ 0207 739 98 93 • www.geffryemuseum.org.uk • Musée fermé jusqu'au printemps 2020 sauf les jardins (lun.-ven. 7h30-17h) et certains sam. (10h-17h) où sont organisées des visites de l'*almshouse* (hospice) • Accès libre.

❾ V&A MUSEUM OF CHILDHOOD★

Ne vous attendez pas à une débauche de dispositifs ludiques : cette antenne du V&A consacrée à l'enfance affiche encore une muséologie à l'ancienne. On peut y admirer les premiers Meccano et Lego (1949), une incroyable collection de maisons de poupée ainsi que des vêtements et objets aux dimensions du plus jeune âge. Les enfants courent librement d'une vitrine à l'autre dans cet espace conçu pour faire face à leur enthousiasme, et les parents profitent des chaises longues, installées au bord d'un bac à sable. Des ateliers sont organisés tous les jours et des « packs Montessori » sont proposés pour une découverte plus interactive du musée, dès six mois (et jusque 5 ans). Le samedi, profitez-en pour vous promener au **Broadway Market** (voir p. 202) tout proche, près du canal. Cambridge Heath Rd • Mᵒ Bethnal Green (site excentré, prenez le métro) • ☎ 0208 983 52 00 • www.vam.ac.uk • T.l.j. 10h-17h45 • Accès libre.

12 Tower Bridge
& TOWER OF LONDON

Restos & bistrots p. 141 ı Bar & clubs p. 173

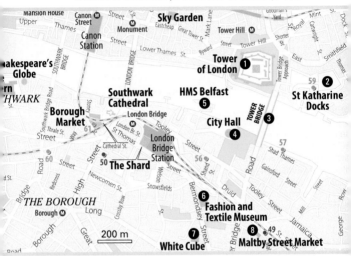

Cette balade tout en contraste vous fera découvrir deux des symboles phares de cette capitale, partagée entre l'histoire sanglante d'une célèbre forteresse et le fabuleux passé maritime de la Tamise. Vestiges de la grandeur victorienne, les docks sont en pleine métamorphose. Regardez vers le XXIe s et rejoignez la rive sud. Les accros de design y seront comblés

❶ TOWER OF LONDON★★★

Cette imposante forteresse, en bordure de la Tamise, remonte au règne de Guillaume le Conquérant (1066-1087). Elle a été conçue pour tenir en respect les habitants de Londres, mais a assumé, au fil des siècles, de multiples

fonctions : arsenal, palais royal, hôtel de la monnaie et, surtout, prison de haute sécurité pour détenus de haut rang, comme Élisabeth Ire ou le roi de France Jean le Bon. Son histoire reste étroitement liée aux nombreux meurtres qui ont été perpétrés à l'abri des regards : Anne Boleyn et Catherine Howard, accusées d'adultère par Henri VIII, y ont laissé leur tête. Laissez-vous conter les plus sombres histoires par les *Yeomen Warders*, gardiens des lieux.

The White Tower

Au centre de l'enceinte s'élève la partie la plus ancienne de la forteresse. Ce donjon massif construit par Guillaume le Conquérant possède des murs de 5 m d'épaisseur ! Il abrite la superbe chapelle Saint-Jean, de facture romane, la plus vieille église de Londres, ainsi qu'une riche collection d'armes et d'armures, dont celle d'Henri VIII, et des instruments de torture.

The Jewel House

Attraction n° 1 de la tour de Londres ! Vous vous y arrêterez pour voir briller les inestimables joyaux de la Couronne : le rubis du Prince Noir, le Koh-I-Noor, diamant offert à la reine Victoria par la Compagnie des Indes, et le saphir de saint Édouard, qui ornent les couronnes impériales, ou encore l'Étoile d'Afrique, un diamant de 530 carats, soit le plus gros taillé au monde à ce jour, enchâssé sur le sceptre royal.

Le palais médiéval

De très belles salles restaurées sont à découvrir dans Saint Thomas Tower et Wakefield Tower.

Tower of London

Garde devant Tower of London

1674 de deux squelettes d'enfant, ceux des fils héritiers d'Édouard IV. Richard III les aurait fait disparaître pour monter sur le trône.

Mais aussi...

Vous découvrirez également le site des exécutions capitales de Tower Green, des graffitis de prisonniers dans Beauchamp Tower, le musée des Fusiliers royaux et sa collection d'armes de guerre, et vous emprunterez le chemin de ronde pour profiter de magnifiques points de vue sur la forteresse, la Tamise et Tower Bridge.

La cérémonie des clés

Cette cérémonie, qui a près de sept siècles, ne dure que 7 min, mais elle est fascinante car on peut y toucher du doigt l'attachement aux traditions et leur poids. Tout commence à 21h30. Le *Chief Yeoman Warder* et son escorte arrivent pour fermer le portail

Creusée pour entrer directement dans la forteresse par le fleuve, Traitors' Gate (porte des Traîtres) permettait l'acheminement des prisonniers des Tudors. La tour du Sang (Bloody Tower) voisine doit son nom à la découverte en

Pause italienne : Emilia's Crafted Pasta

Chaque matin, c'est le même rituel : les pâtes sont préparées à la main, avant d'être accommodées d'ingrédients frais et de ces secrets que l'on se transmet de génération en génération dans les familles italiennes. La meilleure place ? La terrasse ou le long comptoir face à la fenêtre, pour profiter de cette paisible marina cachée à quelques pas du Tower Bridge et de la Tower of London.

● 59 • Unit C3 Ivory House, St Katharina Docks • ☎ 0207 481 20 04 • www.emiliaspasta.com • Lun.-jeu. 12h-21h30, ven.-sam. 12h-22h, dim. 12h-21h30 (dernière commande) • Antipasti : de 3 à 7 £, plats : de 10 à 14 £.

extérieur, à la lumière d'une lanterne. Ils vont ensuite fermer toutes les autres portes de la tour. Sur leur passage, les clés sont saluées par les sentinelles, et le *Chief Warder* conclut par la traditionnelle acclamation à la reine. Malheureusement, il faut être extrêmement prévoyant pour faire partie des quelques privilégiés qui sont autorisés à assister à la cérémonie. Les tickets s'arrachent plusieurs mois à l'avance.
Tower Hill • ☎ 0844 482 77 77 • www.hrp.org.uk • Mars-oct. : mar.-sam. 9h-17h30, dim.-lun. 10h-17h30 ; nov.-fév. : mar.-sam. 9h-16h30, dim.-lun. 10h-16h30 • Audioguide en français (5 £) ou visites guidées en anglais par un garde royal • Entrée : 27,50 £ (24,70 £ en ligne) • Pour la cérémonie des clés, résa sur le site www.hrp.org.uk, au moins 6 mois, voire 1 an, de délai ; tickets gratuits (1 £ de frais administratifs).

❷ SAINT KATHARINE DOCKS★★

Au pied du Tower Bridge, les docks de Saint Katharine sont une agréable balade. Pendant l'été, les cols blancs de la City viennent y tomber la veste pour bronzer lors de leur pause déjeuner. Ce petit port abrite encore quelques navires de plaisance et de jolis deux-mâts en bois. Un endroit charmant au milieu des buildings.
50 Saint Katharine's Way
• www.skdocks.co.uk

❸ TOWER BRIDGE★★★

La silhouette néogothique de Tower Bridge enjambe la Tamise depuis

Tower Bridge

City H

1894 et fascine avec son pont basculant. Vous pouvez emprunter gratuitement cet emblème de la ville, mais il faudra vous munir d'un ticket pour pénétrer dans sa structure. Débutez par la visite de l'ancienne salle des machines victorienne, puis grimpez jusqu'à la promenade supérieure, à 42 m au-dessus du fleuve. Parfait pour le panorama... mais aussi pour observer les bus *double-deckers* passer sous vos pieds : une partie du plancher est en effet transparente. L'ouverture du pont pour laisser passer les navires est un spectacle impressionnant : pour y assister, jetez un œil aux horaires communiqués sur le site.

Tower Bridge Rd • ☎ 0207 403 37 61 • www.towerbridge.org.uk • Accès gratuit • **Musée** (visite du pont) : t.l.j. 9h30-17h30 (10h le 3e sam. du mois) • **Entrée** (musée): 9,80 £ (8,60 £ en ligne) ; enfants : 4,20 £ (3,70 £ en ligne) ; tarif familles : 22 £.

❹ CITY HALL★

Inauguré par la reine en 2002 et signé Foster + Partners, l'hôtel de ville affiche une architecture futuriste très surprenante. Les bureaux du maire et de la Greater London Authority sont logés dans ce globe de béton et de verre de 45 m de hauteur. Étudiée pour faire des économies

'énergie, cette sphère qui
enche vers le sud s'organise
utour d'une gigantesque rampe
n colimaçon qui mène à un
bservatoire panoramique.
he Queen's Walk • ☎ 0207 983 40 00
www.london.gov.uk • Lun.-jeu. 8h30-
8h, ven. 8h30-17h30 • Accès libre.

❺ HMS BELFAST★★

e croiseur en a parcouru des miles
pas moins de 500 000 !) et mené
es batailles (du débarquement en
Normandie à la guerre de Corée)
vant de finir amarré au pied de
ower Bridge. Dans ce labyrinthe
ur neuf niveaux, légèrement
hahuté par le ressac, le visiteur se
erd et découvre un écosystème
ense et singulier. Cuisines,
abinet de dentiste, chapelle,
alle des machines, dortoirs :
haque nouvelle salle révèle une
acette de cette ville flottante.
De nombreuses reconstitutions
insi que des commentaires
udio et témoignages (en
rançais) permettent d'imaginer
étonnante vie à bord.
he Queen's Walk
www.iwm.org.uk/visits/hms-belfast
T.l.j. 10h-18h • Entrée : 18 £
-10 % en ligne), enfants 9 £ ;
udioguide gratuit.

❻ FASHION
AND TEXTILE MUSEUM★★

Reconnaissable à sa façade
olorée, l'ancien musée de la
Mode fondé par la créatrice
Zandra Rhodes s'est reconverti en

centre d'expositions temporaires
sur les thèmes de la mode,
du style et de la couture.
83 Bermondsey St.
• ☎ 0207 407 86 64
• www.ftmlondon.org • Mar.-sam. 11h-18h
(20h jeu.), dim. 11h-17h • Ouv. slt lors
des expos (consulter le programme sur
le site) • Entrée : 9,90 £.

❼ WHITE CUBE★

Jay Jopling a du flair et sait miser
sur le bon cheval. Le marché de
l'art surveille ses faits et gestes
et surtout ses nouveaux poulains
puisque que l'on trouve dans son
écurie un sacré tiercé gagnant :
Damien Hirst, Tracey Emin et les
frères Chapman. Son White Cube
est donc l'un des incontournables,
pour prendre le pouls de la création
contemporaine britannique.
144-152 Bermondsey Street
• ☎ 0207 930 53 73
• www.whitecube.com
• Mar.-sam. 10h-18h, dim. 12h-18h
• Accès libre.

❽ MALTBY STREET
MARKET★

Il faut venir le week-end et
profiter de l'ambiance de ce
pétillant marché, situé dans
un ancien viaduc ferroviaire et
bordé d'une ruelle de briques. À
coups de guirlandes de fanions,
d'échoppes colorées, de produits
frais et de saveurs du monde,
le Maltby Street Market a su se
rendre ultra-désirable et festif.
Maltby St. • Sam. 9h-17h, dim. 11h-17h.

13 Southwark & LA TATE MODERN

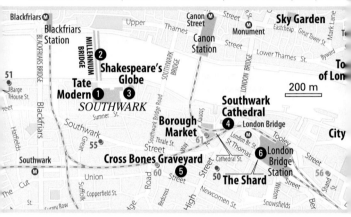

Au Moyen Âge, Southwark est un faubourg indépendant où pullulent les maisons closes, les cabarets et les tavernes... Un lieu de plaisirs que la très sérieuse City voisine voit d'un mauvais œil. Aujourd'hui, les touristes y affluent pour visiter la Tate Modern, ou pour flâner sur les quais où les vieux entrepôts réhabilités ont été investis par les cafés et les boutiques.

❶ TATE MODERN★★★

Cette institution inaugurée en 2000 qui est entièrement dédiée à l'art moderne et contemporain ressemble à un labyrinthe qui aurait été conçu avec bienveillance, pour éveiller la curiosité, favoriser la rencontre de ce que le visiteur ne cherchait pas. Ici, même la collection permanente est en mouvement et les accrochages évoluent. Si le fond regorge de pièces majeures dans lesquelles se croisent Rothko, Matisse, Picasso, Pollock, Hockney et Ai Weiwei, la muséologie invite à ne pas courir d'un « immanquable » à l'autre. Même les visiteurs les plus hermétiques à l'art contemporain apprécieront la visite, ne serait-ce que pour les très beaux volumes du bâtiment ainsi que pour le Viewing Level, une plateforme

Tate Modern

d'observation de la ville à 360°
et son bar, situés au dernier
niveau du Blavatnik Building.

L'architecture

Pour vous repérer dans le musée,
observez sa structure. Tout a
commencé par la réhabilitation
d'une ancienne centrale électrique
des années 1950, par les
architectes suisses Herzog
& de Meuron. En 2016, pour faire
face à l'engouement du public
et la croissance du fonds, une
gigantesque extension, le Blavatnik
Building, est venue compléter le
bâtiment originel, la Boiler House.
Sorte de pyramide tronquée
et torse, la nouvelle aile offre

60 % de surface d'exposition en
plus. Le fonds en accès libre est
réparti entre les niveaux 0, 2,
3, 4 du Blavatnik Building ainsi
que 2 et 4 de la Boiler House.
Le reste du complexe abrite
expositions temporaires (accès
payant), conférences, ateliers,
boutiques, restaurants, etc.

Turbine Hall

Le Turbine Hall du rez-de-
chaussée, ancienne salle des
machines aux allures de cathédrale
(26 m de haut), accueille le
visiteur avec des installations
souvent ludiques. Parmi les
œuvres commissionnées, on a pu
découvrir un pendule géant et

Millenium Bridge

des balançoires collectives créées par le trio d'artistes Superflex, les tours à escalader conçues par Louise Bourgeois ou encore un immense ensemble de jardinières remplies de la terre des parcs londoniens d'Abraham Cruzvillegas, interrogeant sur la dimension non prédictible de la nature. Mémorable entrée en matière garantie !

Start Display

Au niveau 2 de la Boiler House est installé le Start Display. Cet accrochage est conçu comme une porte d'entrée sur le musée, mais aussi sur l'art en général. Le mot d'ordre de la Tate Modern : vous n'avez pas à tout aimer dans l'art et si certaines œuvres vous laissent perplexe, profitez-en pour vous poser des questions sur les couleurs, les matériaux employés,

le lieu de naissance et de résidence de l'artiste et leur éventuelle influence sur son œuvre...
Bankside • ☎ 0207 887 88 88 (billetterie) • www.tate.org.uk • Dim.-jeu 10h-18h, ven.-sam. 10h-22h ; f. 24-26 déc. • Accès libre (sf certaines expos : 10-16 £).

❷ MILLENNIUM BRIDGE★

Ce pont pour piétons au design futuriste est le premier à avoir été construit sur la Tamise depuis plus d'un siècle. Créé par Foster et Caro, il relie la cathédrale Saint-Paul à la Tate Modern.

❸ SHAKESPEARE'S GLOBE★★

Cette grande bâtisse de bois au toit de chaume est une reconstruction fidèle du Globe, le théâtre pour lequel Shakespeare a écrit ses pièces les plus importantes. Le théâtre d'origine, qui se trouvait non loin de là, est resté en service jusqu'en 1642. De mai à septembre, des représentations ont lieu en plein air.
21 New Globe Walk Bankside
• ☎ 0207 902 14 00 ou ☎ 0207 902 15 00 (renseignements sur les visites)
• www.shakespearesglobe.com
• Visites guidées : t.l.j. 9h30-17h
• Expo : t.l.j. 9h-17h • Entrée : 17 £.

❹ SOUTHWARK CATHEDRAL★★

Coincée entre les voies de chemin de fer et les buildings,

Pause street food : Borough Market

Le marché des fins gourmets est aussi le plus vieux marché de Londres : ses origines remontent au Moyen Âge. Inspirez-vous des grands chefs de la capitale en faisant vos emplettes auprès des producteurs et commerçants de haut vol pour vous concocter un pique-nique chic ou attablez-vous à l'un des restaurants.

● 61 • 8 Southwark St. • ☎ 0207 407 10 02 • www.boroughmarket.org.uk
• Lun.-jeu. 10h-17h, ven. 10h-18h, sam. 8h-17h.

cette cathédrale gothique abrite la magnifique tombe polychrome du poète John Gower, ami de Chaucer et favori du roi Henri IV. Le frère de Shakespeare y est également enterré, tandis que quelques vitraux rendent hommage au célèbre dramaturge. Un certain John Harvard, fondateur de la célèbre université américaine, y fut baptisé en 1607...
Montague Close/London Bridge
☎ 0207 367 67 00
www.cathedral.southwark.anglican.org
Lun.-ven. 8h-18h, sam.-dim. 8h30-18h
Accès libre.

❺ CROSS BONES GRAVEYARD★

Des travaux, au début des années 1990, mirent à jour une fosse commune sur ce petit terrain en friche. Les archéologues estiment à 15 000 le nombre de corps. L'histoire ? Du XIIe au XVIIe s., le quartier était connu comme celui des plaisirs. Les prostituées, toutefois, n'avaient droit à aucun enterrement religieux. S'y

ajoutent les personnes sans le sou. Une petite association décida de leur rendre hommage en ouvrant un jardin du souvenir, très touchant.
Redcross Way • www.crossbones.org.uk

❻ THE SHARD★★

Ce « tesson de verre » *(shard)* s'est taillé une place de choix dans le paysage jusqu'à devenir l'un des bâtiments les plus emblématiques de la skyline londonienne, un point de repère pour se guider. Conçue comme la « première cité verticale du monde », la tour de 310 m, dessinée par Renzo Piano et inaugurée en 2012, comprend des logements, des bureaux, des bars et restaurants, un petit centre commercial ainsi que des observatoires (aux 68, 69 et 72e étages). C'est le plus haut building d'Europe occidentale.
32 London Bridge St. • ☎ 0844 499 71 11 • www.theviewfromtheshard. com • Dim.-mer. 10h-20h, jeu.-sam. 10h-22h (dernière entrée 1h avant la fermeture) ; f. 25 déc. ; horaires variables, vérifiez sur le site avant votre visite • Entrée : 32 £ (24 £ en ligne).

Restos & bistrots p. 143 ı Bar & clubs p. 174 ı Boutiques p. 204

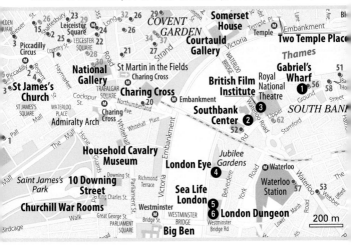

Cet ancien quartier industriel a trouvé un nouveau souffle depuis le développement, dans les années 1960, d'un important centre culturel, le Southbank Centre. Les visiteurs se pressent pour monter à bord des capsules du Coca-Cola London Eye et les promeneurs profitent du réaménagement des bords de la Tamise. À marée basse, le fleuve dévoile de poétiques petites plages de sable, notamment face au Gabriel's Wharf.

❶ GABRIEL'S WHARF★

Les baraques de Gabriel's Wharf ont été épargnées par les projets de réhabilitation du quartier. Prenez le temps d'y flâner : galeries d'art, location de vélos... on en oublierait que l'on se trouve en plein Londres.

56 Upper Ground • ☎ 0207 021 16 00
• www.coinstreet.org • Mar.-dim. 11h-18h
• Accès libre.

❷ SOUTHBANK CENTRE★

Cet ensemble, l'un des plus intéressants exemples

'architecture brutaliste de la ville,
·st né dans les années 1950. On
·'y presse aujourd'hui pour les
·oncerts classique ou pop et les
·xpositions d'art de la Hayward
·allery. Les skateurs se défient
·ans un espace dédié, sous la
·tructure, et le week-end, un *food
·narket* se tient à l'arrière. Au nord,
·e **Royal National Theatre,** est
·n autre fleuron du brutalisme.
·elvedere Road • ☎ 0203 879 95 55
Hayward Gallery • t.l.j. sauf mardi
·h-19h ; prix d'entrée en fonction des
·xpositions • Marché : ven. 12h-20h,
·am. 11h-20h, dim. 12h-16h.

❸ BRITISH FILM INSTITUTE★

·ans ses quatre salles, le BFI
·résente le meilleur du cinéma
·ritannique passé et présent. Les
·ondoniens apprécient également
·es bacs de DVD à bas prix, ses
·onférences et expositions, les
·anapés moelleux de son café
·insi que le parterre de stars du
·ondon Film Festival, à l'automne.
·elvedere Rd • ☎ 0207 928 32 32
www.bfi.org.uk • Lun.-dim.-jeu. 11h-23h.

❹ COCA-COLA LONDON EYE★★★

·urant les six années qui suivirent
·on inauguration, en 2000,
·ette grande roue demeura la
·lus haute du monde. Depuis,
·lusieurs manèges ont dépassé
·es 135 m de haut, mais le
·ondon Eye conserve sa première
·lace en Europe ! À chaque

tour, 800 personnes peuvent se
répartir dans 32 capsules pour un
voyage d'environ 30 minutes. La
promesse : une vue panoramique
sur près de 40 km, par temps clair.
Bankside • www.londoneye.com • Sept.-
avr. : t.l.j. 11h-18h ; mai-août : t.l.j. 10h-
20h30 ; f. 25 déc. ; horaires variables,
vérifiez sur le site avant votre visite
• Ticket : 27 £ (23 £ en ligne) ; résa
conseillée.

❺ SEA LIFE LONDON★★

L'aquarium de Londres est
l'un des plus grands d'Europe. Sur
trois niveaux, vous découvrirez des
centaines de plantes et d'animaux
marins venant du monde entier.
Ne manquez pas ses locataires les
plus impressionnants : les requins !
Riverside Building, County Hall,
Westminster Bridge Rd • www.
visitsealife.com/london • T.l.j. 9h30-19h
(9h-20h durant les vacances scolaires
anglaises) • Entrée : 30 £ (27 £ en
ligne).

❻ LONDON DUNGEON★

Une découverte pleine d'humour
et de frissons des moments
sanglants de l'histoire anglaise
(mieux vaut parler anglais).
Âmes sensibles, s'abstenir ! Les
décors sont réussis ; l'atmosphère,
délicieusement inquiétante ;
les acteurs, parfaits.
Riverside Building, County Hall,
Westminster Bridge Rd • www.
thedungeons.com/london • Sam.-mer. et
ven. 10h-19h, jeu. 11h-19h • Entrée : 30 £
(24 £ en ligne).

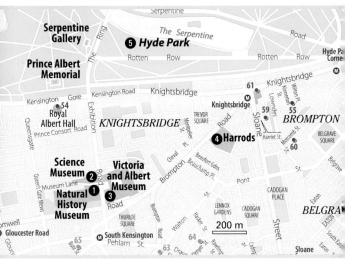

L'art de vivre et l'élégance sont ici mis à l'honneur entre le
boutiques de luxe qui donnent la réplique à l'iconique gran
magasin Harrods et le Victoria and Albert Museum, qui revien
sur 5 000 ans d'histoire des arts décoratifs. Dans son ombr
se tiennent deux autres musées qui envoûteront les curieux d
tout âge, à coup de dinosaures et d'expériences ludiques. Un
promenade à terminer par une grande bouffée d'air dans le
allées de Hyde Park.

❶ NATURAL HISTORY MUSEUM★★★

En pénétrant dans le musée par
le Hintze Hall, on tombe nez

à nez avec Hope, le squelette
d'une baleine bleue. Galerie
des dinosaures, des insectes,
des oiseaux, mais aussi trésors
géologiques... vous pourrez admire

uelque 850 000 spécimens sur
es 70 millions de la collection
omplète. Les « trésors » du
nusée sont réunis dans la Cadogan
Gallery : un œuf de manchot
empereur confirmant l'hypothèse
d'un lien entre reptiles et oiseaux,
l'herbier de George Clifford
cataloguant 3 461 plantes, le
ossile d'un ichtyosaure, « dauphin
u jurassique », mais aussi les
restes d'un dodo. Dans la partie
éologie du musée, vous vivrez un
remblement de terre, tandis que
e Darwin Centre met en valeur
incroyable travail des scientifiques
our analyser, archiver et
onserver ce patrimoine. En
emaine, vous pourrez d'ailleurs
es apercevoir à l'œuvre. Le musée
rganise aussi des « DinoSnores »,
occasion pour les 7-11 ans de
asser la nuit sur place, dîner et
ctivités (en anglais) compris.
romwell Rd • ☎ 0207 942 50 00
• www.nhm.ac.uk • T.l.j. 10h-17h50 ;
f. 24-26 déc. • Accès libre • DinoSnores
(nuit au musée), une fois par mois, 60 £.

Natural History Museum

❷ SCIENCE MUSEUM★★

ivertissantes et accessibles, les
xpositions racontent l'histoire
es sciences et de la technologie
epuis les premières machines à
apeur jusqu'aux engins spatiaux.
u fil des trois niveaux, on
écouvre notamment la Winton
allery qui met en avant l'apport
es mathématiques. Son design
uturiste, conçu par l'architecte
aha Hadid, s'inspire des
urbines d'avion. Tout comme les
simulateurs de vol, le WonderLab
rencontre beaucoup de succès
auprès des plus jeunes. Dans cette
galerie interactive, ils apprennent
en jouant avec le bar pour chimiste
et la machine à faire des éclairs.
Durant les Lates (dernier mercredi
du mois 18h45-22h), c'est au tour
des adultes de s'amuser lors de
visites qui leur sont dédiées.
Exhibition Rd • ☎ 0870 870 48 68
• www.sciencemuseum.org.uk • T.l.j.
10h-18h ; f. 24-26 déc. • Accès libre
(sf cinéma IMAX : 11 £, et attractions ;
WonderLab : 10 £, enfants 8 £) •
« Astronights » (nuit au musée) : 60 £.

❸ VICTORIA AND ALBERT MUSEUM★★★

Fondé en 1852 par le prince Albert
qui entendait inspirer les designers
et éduquer le public, le V&A est l'un

Victoria and Albert Museum

des plus importants musées d'Arts décoratifs au monde. Il promet une plongée à travers 5 000 ans de créations. Céramique, joaillerie, photographie, mode, sculpture, design textile, architecture et même performances ; toutes les disciplines sont réparties sur six niveaux. Aux côtés des parties dédiées à d'importantes expositions temporaires et de trois salles consacrées au XXᵉ s., la collection est répartie en trois thèmes : Europe, Asie et Matériaux et techniques.

Europe

Le Moyen Âge et la Renaissance sont magnifiquement illustrés par le reliquaire d'Eltenberg, le *Christ en Croix* de Pisano, les bas-reliefs en marbre de Donatello et les cartons réalisés par Raphaël pour les fresques de la chapelle Sixtine (s. 48). Explorez les British Galleries pour la salle de musique

restaurée de Norfolk House, le secrétaire d'Henri VIII et le grand lit de Ware. Les Cast Courts abritent les moulages de sculpture monumentaux tels le *David* de Michel-Ange ou la colonne Trajane.

Asie

Grâce aux anciennes colonies, le musée possède la plus importante collection d'art indien hors Inde. Véritable curiosité, le tigre de Tipoo est un automate doté d'un mécanisme reproduisant les cris d'un soldat anglais dévoré. Votre voyage oriental sera jalonné par la découverte de l'immense tapis persan d'Ardabil, de très beaux jades sculptés chinois et d'étonnantes armures japonaises.

Matériaux et techniques

Tapisseries, céramiques, verres, orfèvrerie, sculptures... véritable dictionnaire visuel des

rts et du design, ces collections
ont à découvrir selon vos goûts.
ous vous conseillons toutefois la
ollection fascinante de portraits
miniatures à étudier à la loupe,
a rétrospective de la mode des
50 dernières années où les
orsets victoriens côtoient les
obes excentriques de Westwood,
t les galeries de peinture
our les œuvres de Constable,
ainsborough et Turner.
romwell Rd • ☎ 0207 942 20 00
www.vam.ac.uk • Sam.-jeu. 10h-17h45,
en. 10h-22h; f. 24-26 déc.
Accès libre (sf expos).

❹ HARRODS★★★

mpossible de passer dans le
uartier sans repartir avec le
ameux Harrods *shopper bag* vert
t jaune (de 22 à 30 £). À l'intérieur,
issez au moins un teddy bear :
est dans ce grand magasin que
es traditionnels ours en peluche
ont les plus beaux. Ne manquez
as le Food Hall, immense rayon
alimentation, et pour le reste,
ous aurez l'embarras du choix

dans les cinq étages du magasin :
une grande fourchette de prix vous
est proposée, à partir de 5 £ !
**87-135 Brompton Rd • ☎ 0207
730 12 34 • www.harrods.com • Lun.-
sam. 10h-21h, dim. 11h30-18h.**

❺ HYDE PARK★★★

L'ancien terrain de chasse
d'Henri VIII est devenu l'un des
parcs préférés des écureuils et
des Londoniens qui viennent s'y
prélasser, pique-niquer, courir,
faire du bateau à pédales sur la
Serpentine (avr.-oct. ; 12 £/h) ou
monter à cheval. Dans le coin est,
une roseraie émerveille en été
tandis que, dans la partie sud de
la Serpentine, un lido fait la joie
des baigneurs aux beaux jours...
et même en décembre lors du
traditionnel bain glacé de Noël.
Le parc accueille également deux
festivités importantes : le festival
pop-rock-électro British Summer
Time (p. 20) et autour de Noël la
fête foraine du Winter Wonderland.
**www.royalparks.org.uk/parks/hyde-park
• T.l.j. 5h-minuit.**

Pause franco-britannique : Raison d'être

South Kensington est l'un des quartiers les plus *Frenchie* de Londres,
pas étonnant donc que l'on tombe sur ce charmant café français qui
met l'accent sur les croissants et les baguettes dorées. Pour conserver la touche londonienne, on opte pour le sandwich « Ma raison
d'être » avec du *crispy bacon* (5,50 £) ou pour les œufs brouillés-
saucisse de Cumberland (6 £).

● **65 • 18 Bute St • ☎ 0207 584 50 08 • www.raisondetrecafe.com
• Lun.-ven. 8h-17h, sam. 8h-16h, dim. 10h-14h.**

16 Chelsea
& KING'S ROAD

Restos & bistrots p. 144 I Boutiques p. 206

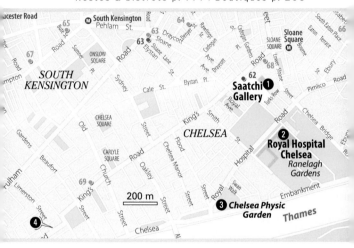

À la fin des années 1970, Westwood et McLaren habillaient les premiers punks au Worlds End. Depuis, King's Road est passé de l'avant-garde branchée au statut de banale artère commerciale. Les pépites sont ailleurs, dans les jardins botaniques, les élégants squares XVIIIe s. du quartier et dans l'excitante galerie Saatchi installée dans l'ancien palais du duc de York.

❶ SAATCHI GALLERY★★

Ouverte en 1985, la galerie d'art de Charles Saatchi est une magnifique vitrine internationale de l'art contemporain. Les expositions temporaires révèlent de jeunes artistes encore inconnus ou présentent les travaux d'artistes établis encore jamais exposés en Grande-Bretagne et elles attirent les foules. Une aubaine que le musée ait investi une partie des 21 000 m² de l'ancienne résidence du duc de York !

uke of York's Headquarters
ng's Rd • ☎ 0207 811 30 70
www.saatchigallery.com • T.l.j. 10h-18h
ernière entrée 17h30) • Accès libre.

❷ ROYAL HOSPITAL CHELSEA★★

onçue en 1682 par le grand
rchitecte Christopher Wren, cette
stitution héberge 300 anciens
ombattants, reconnaissables
leur uniforme. Certaines
ctions ainsi qu'un musée sont
uverts à la visite. Au mois de
ai, profitez du prestigieux
HS Chelsea Flower Show qui a
eu dans ses jardins (p. 20).
oyal Hospital Rd • ☎ 0207 881 54 93
www.chelsea-pensioners.co.uk • Lun.-
am. 10h-17h • Accès libre • Visite
uidée : 13,50 £ (dates et résa en ligne).

❸ CHELSEA PHYSIC GARDEN★★★

réé en 1673 par la Société des
othicaires de Londres pour y
ultiver des plantes médicinales,
n peut aujourd'hui y observer les
antes pharmaceutiques et les

espèces utilisées en aromathérapie
ou en parfumerie. Planté aussi
d'arbres séculaires et de légumes
rares et insolites, le jardin compte
environ 5 000 espèces différentes.
66 Royal Hospital Rd • ☎ 0207 352
56 46 • www.chelseaphysicgarden.co.uk
• Fév.-mars. lun.-ven. 11h-16h (ouv. dim.
de Pâques) ; avr.-2 nov. : lun.-ven., dim.
et j.f. 11h-18h • Entrée : 6,50-10 £ selon
la saison.

❹ WORLDS END VIVIENNE WESTWOOD★★

Vous êtes ici dans le premier
magasin de Vivienne Westwood,
là où elle fonda le mouvement
punk avec Malcolm McLaren.
Crêtes rouges et épingles à
nourrice ont disparu, remplacées
par les touristes japonais. Vous y
trouverez les classiques, bijoux
et chaussures. Et pour ceux qui
recherchent les pièces les plus
représentatives de l'exubérance
de la papesse punk, ne manquez
pas la boutique du 44 Conduit St.
430 King's Rd • ☎ 0207 352 65 51
• www.worldsendshop.co.uk
• Lun.-sam. 10h-18h.

Pause design : Bluebird Café

Dans ce quartier de Chelsea où il ouvrit son premier magasin Habitat,
le designer sir Terence Orby Conran parvint à transformer un ancien
garage en espace glamour et lumineux mêlant café et restaurant,
bordé d'une accueillante terrasse. Parfait pour un brunch le week-end.

● 69 • 350 King's Rd • ☎ 0207 559 10 00 • www.bluebird-restaurant.co.uk
• Lun.-sam. 8h-22h30, dim. 9h-21h30 • Salades : de 9,50 à 13,50 £ ;
plats de 12,50 à 25 £.

17 Kensington
& NOTTING HILL

Restos & bistrots p. 145 ı Bar & clubs p. 176 ı Boutiques p. 20

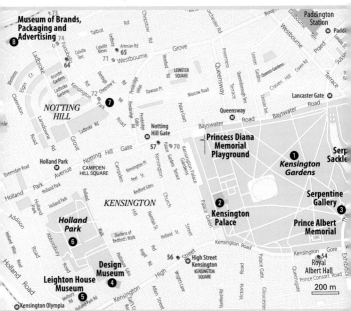

L'agréable quartier résidentiel de Kensington, qui align⟩
ses façades XIXᵉ s., peut se vanter d'abriter un palais roya⟩
et l'un des plus beaux parcs de Londres. Plus au nor⟩
Notting Hill séduit grâce à son marché aux antiquités, se⟩
jolies façades pastel et son esprit bobo-chic.

❶ KENSINGTON GARDENS★★

À l'origine, ce parc royal faisait partie de Hyde Park et n'était

ouvert qu'aux personnes vêtues de façon respectable. Aujourd'hui indépendants, Kensington Garden⟩ et ses magnifiques jardins italiens sont un lieu de quiétude qui

ontraste avec l'ébullition du parc
oisin. Dans le coin nord-ouest,
e **Diana, Princess of Wales
Memorial Playground** est une
abuleuse aire de jeux inspirée
ar Peter Pan. Vous pouvez
aluer la statue de bronze de
éternel enfant un peu plus loin,
 long de la Serpentine. Derrière
 Royal Albert Hall, l'émouvant
Albert Memorial est une chapelle
éogothique tout en dorure qui
ut érigée par la reine Victoria en
ommage à son époux bien-aimé.
 0300 061 20 00
www.royalparks.org.uk
www.serpentinegalleries.org
T.l.j. de 6 h à la tombée de la nuit.

❷ KENSINGTON PALACE★★

'est le roi William III qui
écida en 1689 d'investir ce
gement, à l'écart de la Tamise,
spérant soulager son asthme.
uand la Couronne opta pour
uckingham Palace au XVIIIᵉ s.,
 bâtiment devint la résidence
e divers membres de la famille

royale. Ancienne demeure de
la princesse Diana, le palais est
aujourd'hui la résidence de ses
fils, les princes William et Harry,
et de leurs épouses. Depuis
1997, des parties non habitées
sont ouvertes au public.

Victoria Revealed

Plus encore que son long règne au
sommet de l'Empire britannique,
c'est son amour passionné pour
le prince Albert qui a rendu
la reine Victoria si chère au
cœur des Anglais. Cette belle
exposition permanente permet
de découvrir sa rencontre avec le
prince, la vie intime du souverain,
jusqu'à la mort prématurée de
ce dernier. Jouets d'enfance,
bijoux, robes, lettres, portraits et
photos de famille apportent un
éclairage plus intime encore.

La galerie de la Reine et la galerie du Roi

Dans les appartements du roi, ne
manquez pas la salle de la Coupole,

Pause *icing* : Biscuiteers

Des monceaux de biscuits pleins d'humour, des glaçages *(icing)* colorés,
de jolies boîtes en fer-blanc décorées... dans ce quartier clinquant qu'est
devenu Notting Hill, ce biscuitier a quelque chose de réconfortant ! Des
pirates au gingembre (6,95 £), une équipe de foot à la vanille (35 £ la
boîte), ou des *Little Miss Sunshine* épicées (10,95 £ le biscuit et sa carte),
il y en a pour tous les palais.

● 74 • 194 Kensington Park Rd • ☎ 0207 727 80 96 • www.biscuiteers.com
• Lun.-sam. 10h-18h, dim. 11h-17h.

peinte par William Kent. On lui doit aussi le Grand Escalier, peint dans les années 1720, où il représenta les serviteurs royaux, de la modiste de la reine Caroline jusqu'à Mustapha, le valet turc de George Ier.
La galerie du Roi présente de belles copies de maîtres de la Renaissance (Le Tintoret, Bassano). Conçue en 1690 par Mary II, la galerie de la Reine est lambrissée de panneaux de chêne d'origine et permet de découvrir la collection de maîtres hollandais du XVIIe s.
The Broad Walk, Kensington Gardens
• ☎ 0203 166 60 00 • www.hrp.org.uk
• Mars-oct. : t.l.j. 10h-18h ; nov.-fév. : t.l.j. 10h-16h • Entrée : 19,30 £ (17,50 £ en ligne.

❸ SERPENTINE GALLERIES★★

Située au bord de la Serpentine, le lac qui sépare les Kensington Gardens de Hyde Park, cette galer organise des expositions d'art contemporain avant-gardistes. Chaque année, le musée commande à un architecte renommé un « pavillon » éphémère, visible de juin à septembre.
www.serpentinegalleries.org
• Mar.-dim. 10h-18h • Accès libre.

❹ DESIGN MUSEUM★★★

Depuis 2016, le musée a pris ses quartiers dans l'ancien Institut du Commonwealth. Revu par John Pawson et OMA (le bureau de Rem Koolhaas), le bâtiment des années 1960 a gardé son emblématique toiture de bronze hyperbolique et un immense atrium. La collection permanente est regroupée sous la bannière « Designer, Maker, User ». Mille objets emblématiques sont vus depuis la perspective des designers, fabricants et usagers. Un plan de métro londonien y côtoie un iMac rose, une canette de Coca-Cola ou encore une bible. Des expositions temporaires d'envergure complètent cette immersion dans le design des XXe et XXIe s.
224-238 Kensington High St.
• ☎ 203 862 59 00
• www.designmuseum.org
• T.l.j. 10h-18h (20h le 1er ven. du mois)
• Accès libre (sf expos).

Kensington Palace

❺ LEIGHTON HOUSE MUSEUM★★★

'ancienne demeure, atelier
u peintre préraphaélite
ord Leighton, est une
etite merveille victorienne
emarquablement restaurée. Les
ntérieurs somptueux qui vous
ransportent de Venise au Caire
épondent aux goûts de ce grand
oyageur. Le hall arabe présente le
écor le plus extravagant qui soit
vec sa profusion de céramiques
olorées, ses mosaïques délicates
t sa fontaine centrale. La
ollection de peintures de l'artiste
ôtoie celles de ses contemporains
urne-Jones, Millais et Watts.
? Holland Park Rd • ☎ 0207 602 33 16
www.rbkc.gov.uk/subsites/museums/
ightonhousemuseum1.aspx • Mer.-lun.
h-17h30 • Visite guidée gratuite mer.
t dim. à 15h (en anglais) • Entrée : 9 £.

❻ HOLLAND PARK★★

'olland Park offre une parenthèse
omantique dans ce quartier
ésidentiel très cossu. Ce parc
euplé de paons se pare de
rdins à la française, mais
ussi d'inspiration japonaise ou
ollandaise. Aux beaux jours, pièces
e théâtre, opéras et ballets sont
onnés dans son théâtre de plein
r (www.operahollandpark.com ;
ntre 17 et 75 £).

❼ PORTOBELLO ROAD★★★

œur du quartier de Notting Hill,
onnu pour son carnaval (voir p. 21)

et ses façades aux
allures de nuancier Pantone,
Portobello Road vit surtout
le week-end quand se tient
son marché d'antiquaires
mondialement connu qui
revendique plus de 1 000 vendeurs.
La librairie de voyage qui a
inspiré le scénariste de la
comédie romantique *Coup de
foudre à Notting Hill* (1999) a
été remplacée par une librairie
traditionnelle, mais vous pourrez
toujours voir la boutique qui servit
de décor au fictionnel Travel
Bookshop au n° 142 de la rue.
www.portobelloroad.co.uk
• Marché : ven.-sam. (marché
principal) 9h-19h ; marché réduit
(pas d'antiquaires) : lun.-mer. 9h-18h
et jeu. 9h-13h.

❽ MUSEUM OF BRANDS, PACKAGING AND ADVERTISING★

Vous en avez assez de la publicité
omniprésente ? Pourtant, le
phénomène n'est pas nouveau :
le XIXe s. victorien n'était déjà
pas avare de réclames et
d'innovations censées améliorer
la vie quotidienne. C'est ce
que montre ce fascinant petit
musée à travers un « tunnel du
temps » dont les vitrines les plus
récentes nous ramènent avec
bonheur à notre enfance.
111-117 Lancaster Rd
• ☎ 0207 243 96 11
• www.museumofbrands.com
• Lun.-sam. 10h-18h, dim. 11h-17h
• Entrée : 9 £.

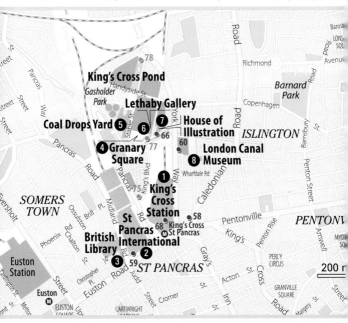

Le quartier dans lequel débarquent les Eurostar depuis 2007 fait peau neuve et retrouvé la pêche. Il profite des rénovation de ses deux gares, de l'installation de la British Library, mai aussi de ses points forts trop longtemps délaissés comme so joli canal. Il vibre de la créativité de l'école d'art Central Sain Martins ainsi que des projets immobiliers mêlant logements e commerces. La zone offre une étonnante déambulation entr fontaines dansantes, cage lumineuse, potager urbain, manus crits précieux et expositions d'illustrations.

❶ KING'S CROSS STATION★

Mêlant aujourd'hui une façade victorienne en briques et des structures modernes, la gare a été conçue pour être le nœud londonien de la Great Northern Railway, cette compagnie ferroviaire dont la principale ligne reliait la capitale à York. En 1852, cette gare à deux voies, dessinée par Lewis Cubitt, entre en service. Depuis, les voies ce sont multipliées jusqu'à la création de la **Platform 9 3/4,** bien connue des fans d'Harry Potter qui se pressent devant la reproduction de l'entrée du passage magique (p.107). Sur le parvis situé côté Battle Bridge Place, la cage de néons de neuf mètres de haut, pourvue d'une balançoire, baptisée *IFO (Identified Flying Object),* est l'œuvre du Lyonnais Jacques Rival.
Euston Road • ☎ 0345 711 41 41 • www.networkrail.co.uk/stations/kings-cross • Lun.-ven. 5h-1h36, sam. 5h11-1h11, dim. 5h30-1h36.

❷ ST PANCRAS INTERNATIONAL★

1er octobre 1868, 4h20 du matin : le premier train (en provenance de Leeds) entre dans cette gare, chef-d'œuvre de l'architecture victorienne tendance néogothique. Le hall Barlow, du nom de son architecte, impressionne par ses dimensions. C'est la plus large structure à portée unique de l'époque. 14 novembre 2007 : les Eurostar qui s'arrêtaient autrefois à Waterloo y font leur entrée. La gare est entièrement reliftée et complétée par une galerie commerçante qui accueille boutiques et restaurants. Ne manquez pas l'impressionnante façade victorienne de l'ancien Midland Grand Hotel, devenu le St Pancras Renaissance, qui fut dessinée par George Gilbert Scott (côté Euston Rd).
Euston Road • ☎ 03457 11 41 41 • www.networkrail.co.uk/stations/st-pancras-international/ • T.l.j. 24h/24.

Pause verte : Skip Garden Kitchen

Ce jardin communautaire, géré par l'association Global Génération, utilise des bennes *(skips)* pour cultiver des fruits et légumes. Outil d'éducation, de découverte de la démarche locavore et de réinsertion de personnes en difficulté, le Skip Garden est ouvert au public curieux. Il propose également un café dans lequel il est possible de goûter les produits du jardin au cœur d'une oasis aménagée avec des éléments recyclés.
● 78 • Tapper Walk • www.globalgeneration.org.uk • Mar.-sam. 10h-16h • Accès libre.

British Libr

❸ BRITISH LIBRARY★★★

La Bibliothèque nationale, chargée de la conservation des ouvrages publiés au Royaume-Uni et en Irlande, est installée dans un bâtiment (1999), aujourd'hui classé, conçu par les architectes MJ Long et Colin St John Wilson.

Philatélie

À gauche de l'entrée se trouve la collection Tapling. De simples « tiroirs » verticaux qui ne paient pas de mine abritent pourtant les merveilles de la collection nationale, notamment des Penny Black, tout premiers timbres postaux de l'histoire, émis en 1840.

King's Library

Au milieu du bâtiment, trône la tour de six niveaux érigée pour accueillir la collection de George III. Derrière des vitres anti-UV sont conservés les 65 000 ouvrages de la plus importante bibliothèque du XVIIIe s. Léguée au British Museum en 1827, elle fut ensuite déplacée à la British Library et assortie de l'obligation de conserver son intégrité.

Treasures Gallery

Un petit musée expose des pièces majeures de la bibliothèque. Parmi eux, un exemplaire de la Magna Carta, la Grande Charte considérée comme l'ancêtre de la Déclaration universelle des droits de l'homme. On y trouve aussi des éditions originales de Lewis Carroll, Jane Austen ainsi que des bouts de papier sur lesquels les Beatles écrivirent les paroles de leurs tubes. 96 Euston Road • ☎ 0330 333 11 44 • www.bl.uk • Lun.-jeu. 9h30-20h, ven. 9h30-18h, sam. 9h30-17h, dim. 11h-17h • Accès libre.

❹ GRANARY SQUARE★

Construite à la place d'un ancien quai, cette place est surtout connue pour ses mille fontaines qui se lancent dans diverses chorégraphies au fil de la journée et peuvent être contrôlées par les passants via l'application Granary Squirt, qui transforme l'installation en jeu de « serpent » géant.

❺ COAL DROPS YARD★

Pendant la révolution industrielle, c'est ici que les trains de la Great Northern Railway déversaient les tonnes de charbon qui alimentaient la capitale. Superbement réhabilités, les bâtiments victoriens accueillent aujourd'hui restaurants, bars et boutiques ainsi que de nombreux événements (concerts, ateliers, marchés, festivals...).
Stable St. • www.coaldropsyard.com
• Boutiques : lun.-sam. 10h-20h, dim. 10h-18h ; bars et restaurants : horaires variables.

❻ LETHABY GALLERY★

L'installation de la prestigieuse école d'art, design et mode Central Saint Martins dans un entrepôt du XIXe s. a fortement participé au renouveau du quartier. Une galerie présente les œuvres des étudiants, mais aussi des professeurs et anciens élèves. Belles découvertes en perspective quand l'on sait que M.I.A., Tom Hardy, Damien Hirst ou encore Alexander Mc Queen furent formés dans cette école.

Granary Building • www.arts.ac.uk
• Mar.-ven. 11h-18h, sam. 12h-17h
• Accès libre.

❼ HOUSE OF ILLUSTRATION★★

À l'origine de ce musée consacré au dessin, il y a Quentin Blake, connu pour ses illustrations des romans de Roald Dahl. Une salle permet, au travers d'expositions changeantes, de découvrir d'autres aspects du travail de l'artiste, loin du *Bon Gros Géant*. Le reste du bâtiment abrite des expositions temporaires, mettant en avant une thématique ou un talent encore confidentiel.
2 Granary Square • ☎ 0203 696 20 20
• www.houseofillustration.org.uk
• Mar.-dim. 10h-17h30 • Entrée : 8,25 £.

❽ LONDON CANAL MUSEUM★

Derrière le bâtiment, les bateaux et la vie du Regent's Canal d'aujourd'hui. À l'intérieur, le visiteur remonte le temps jusqu'à cette époque où la glace arrivait de Norvège par bateau pour approvisionner les restaurants et était entreposée entre ces murs. Il découvre l'âge d'or du commerce fluvial et comment les canaux façonnèrent la capitale. Le côté désuet du musée est contrebalancé par des kits de découverte pour les enfants et les explications d'attentionnés bénévoles.
12/13, New Wharf Road • ☎ 0207 713 08 36 • www.canalmuseum.org.uk
• Mar.-dim. 10h-16h30 • Entrée : 5 £.

Sur la trace des héros

La capitale anglaise a inspiré nombre d'auteurs de romans et de cinéastes au point que le visiteur se croit parfois plongé dans une fiction. On peut imaginer Peter et Wendy survolant Big Ben (p. 30), croiser Mary Poppins à proximité de Neal's Yard (p. 58) ou débusquer le repaire d'agents secrets dignes de 007 dans Savile Row (p. 42). En tête des icônes acclamées, on trouve le jeune sorcier créé par J. K. Rowling, Harry Potter, ainsi que Sherlock Holmes, le détective privé qui semble immortel. Que vous ayez envie de visiter l'appartement de Mrs Hudson ou de boire une Bièreaubeurre, Londres exaucera vos souhaits.

MAGIE SUR LA VILLE

Les apprentis sorciers iront jeter un œil du côté de King's Cross où se situe la fameuse **voie 9 3/4** d'où part le train de Poudlard ainsi qu'une boutique dédiée aux fans de la série **Harry Potter** (p. 209). Au cinéma, c'est la façade de l'hôtel St Pancras Renaissance voisin qui fait office d'entrée à la gare. D'autres lieux dans la ville rappelleront des passages des livres ou des films. C'est le cas de Cecil Court (p. 55), inspiration pour le chemin de Traverse, ou encore du zoo de Londres où Harry découvre qu'il peut parler aux serpents. Sur www.visitbritainshop.com, vous trouverez une **carte des lieux de tournage** des adaptations cinématographiques de la saga ainsi que des billets pour un bus tour (en anglais ; adulte 41,50 € ; enfant 25 €). Pour les visites à pied, voir London Walks et Blue Badge (p. 222).

LES STUDIOS WARNER BROS

Dans les studios, situés à une trentaine de kilomètres de Londres, vous pourrez visiter la **forêt interdite,** faire le test du Choixpeau

Mythe macabre

Certains antihéros ont également droit à la postérité, c'est le cas de Jack L'Éventreur. Ce tueur a tellement inspiré d'œuvres de fiction que l'on en oublierait presque qu'il a réellement éviscéré des prostituées à l'époque victorienne (autour de l'année 1888). C'est dans le quartier de Whitechapel qu'il commit ses crimes ; aujourd'hui, l'East End n'est plus du tout malfamé, mais certains lieux témoignent encore de l'époque du « Ripper » comme le pub The Ten Bells (p. 77). Visite guidée à thème « Jack The Ripper » par London Walks (p. 220).

afin de connaître votre « maison » ou **enfourcher un Nimbus 2000.** L'entrée adulte coûte 45 £ ; 37 £ pour les 5-15 ans ; 148 £ famille (résa sur www.wbstudiotour.co.uk). La gare la plus proche des studios est Watford Junction, à 20 minutes de train de la gare d'Euston (Oyster Card acceptée). De là, un bus fait la liaison en 15 minutes avec les studios (billet A/R : 2,50 £). Vous pouvez également opter pour un package comprenant l'entrée aux studios et le transport en car (dans l'ambiance des films) au départ du centre de Londres (wbsstudiotour.gttix.com ; adulte : 85 £ ; enfant : 80 £). Dans les deux cas, réservez au moins deux mois à l'avance.

Platform 9 3/4 dans la gare de King's Cross

PAS SI ÉLÉMENTAIRE

Héros de papier tout aussi vivant dans le cœur des fans, **Sherlock Holmes** continue de recevoir du courrier au 221B Baker Street. Une reconstitution de sa maison est accessible au public (p. 45). À l'époque où Conan Doyle écrivit ces aventures (1887-1927), Baker Street ne comportait que 85 numéros, mais à cela ne tienne. Les amateurs de la série de la BBC avec Benedict Cumberbatch dans le rôle du détective devront quant à eux se rendre au 187 North Gower Street (C2) s'ils veulent se faire photographier devant la façade du domicile de leur héros.

Sherlock Holmes Museum

ICÔNES BIEN RÉELLES

Les murs ont une histoire. Si vous souhaitez jeter un œil à la maison où vécut sir James Barrie, le créateur de Peter Pan, celle où séjourna Jimi Hendrix ou encore la demeure d'Hitchcock, suivez les **Blue Plaques.** Partout dans la ville, ces ronds bleus indiquent la présence passée d'illustres personnages (art, économie, politique, etc.). Une liste de ces plaques peut être consultée sur **www.english-heritage.org.uk** ou via l'application Blue Plaques of London (disponible sur App Store et Google Play Store).

19 Camden
& SES CANAUX

Restos & bistrots p. 149 ı Bar & clubs p. 178 ı Boutiques p. 209

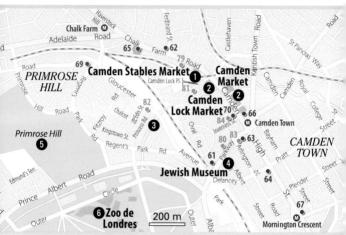

Longtemps référence du *second hand*, des bonnes affaires et de la culture alternative, Camden est devenu un bazar géant à destination des jeunes Londoniens et des touristes charmés par cette caverne d'Ali Baba. Si vous avez envie de délaisser les échoppes, le canal offre une balade agréable à travers Regent's Park jusqu'au zoo ; et le centre de Camden, d'excellents pubs à l'écart de la foule.

❶ CAMDEN STABLES MARKET★★

C'est le plus excentrique des marchés de Londres. Les boutiques sont logées dans d'anciennes écuries. Déco, antiquités, tenues gothiques ou technoïdes – ne manquez pas l'incroyable boutique

Cyberdog – font la joie d'une clientèle jeune et cosmopolite. Vous y mangerez pour trois fois rien dans l'une des nombreuses échoppes où toutes les cuisines du monde se sont donné rendez-vous.
Chalk Farm Rd • ☎ 0207 485 55 11
• www.camdenmarket.com
• T.l.j. 10h-18h (20h en été).

❷ CAMDEN MARKET ET CAMDEN LOCK MARKET★

Coincé entre les façades délirantes de Camden High St. où se succèdent enseignes internationales et boutiques de souvenirs, Camden Market est un marché à ciel ouvert de 200 stands qui constituent un melting-pot de toutes les tendances de rue et de l'ex-culture alternative, devenue un commerce juteux.
Camden Market: 192-200 Camden High St. • T.l.j. 10h-18h • **Camden Lock Market:** 216 Chalk Farm Rd • T.l.j. 10h-18h • www.camdenmarket.com

❸ LES CANAUX DE CAMDEN★★★

Suivre le canal qui relie Camden à Little Venice (plan A2) par Regent's Park est l'une des plus belles promenades de la ville à faire à pied (1h30). En péniche aussi, c'est très bien, et trois compagnies proposent des balades : **London Waterbus Company** (www.londonwaterbus. com), **Walker's Quay** (www. walkersquay.com) et **Jason's Canal Boat Trip** (www.jasons.co.uk).

❹ JEWISH MUSEUM★★

Le Musée juif est une plongée passionnante dans l'histoire de l'immigration juive en Angleterre et dans la vie quotidienne de cette communauté arrivée au XIᵉ s. dans le sillage de Guillaume le Conquérant. Victimes de l'exclusion et des mêmes préjugés que les huguenots ou les Irlandais, les Juifs n'en ont pas moins trouvé en Angleterre un pays plus accueillant que les autres nations européennes.
129-131 Albert St. • ☎ 0207 284 73 84 • www.jewishmuseum.org.uk • Dim.-jeu. 10h-17h, ven. 10h-14h • Entrée : 8,50 £.

❺ PRIMROSE HILL★

Paisible et pleine de caractère, la « colline aux primevères » offre une agréable promenade entre les maisons victoriennes aux façades colorées, habitées par quelques célébrités. Depuis les pentes de son immense pelouse, équipée d'un attractif terrain de jeux, se dévoile une vue dégagée sur la ville, du plus bel effet.
Accès au bas du parc, côté canal, par Camden ou par la station Chalk Farm et Regents Park Road si l'on veut arriver au sommet.

❻ ZOO DE LONDRES★★

Difficile de taquiner les lions du bout de votre parapluie comme le faisaient les belles des années 1830 avec les ours, mais le zoo réserve d'autres émotions, dont la rencontre avec les gorilles et chimpanzés. Dans la forêt tropicale recréée sous serre, on se promène parmi les singes avant de rejoindre les galeries peuplées de chauves-souris et autres animaux...
Regent's Park • ☎ 0207 722 33 33 • www.zsl.org • T.l.j. 10h-18h (16h nov.-mi-fév., 17h30 mi à fin mars) • Entrée : 30-32,50 £ selon la saison (-10 % sur le site Internet), réductions enfants et tarifs familles.

Restos & bistrots p. 150 | Bar & clubs p. 180

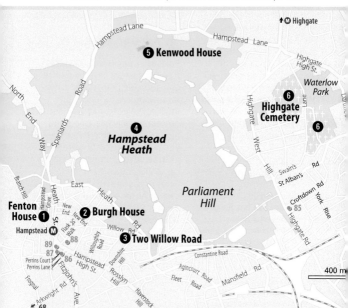

Absorbé par la ville au XIXe s., l'ancien village de Hampstead déploie un dédale de ruelles où s'alignent les maisons bourgeoises. Bordé par un immense parc qui invite à la promenade, le quartier attire dès le XIXe s. de nombreux artistes et intellectuels, dont John Keats, John Constable, Agatha Christie, Sigmund Freud, etc.

❶ FENTON HOUSE★★

Construite à la fin du XVIIe s., Fenton House compte parmi les plus anciennes demeures de Hampstead. Au milieu des porcelaines, broderies et meubles d'époque, une belle collection

e claviers anciens (clavecins, irginals, épinettes, pianos) éblouira es amateurs. Le jardin clos, avec a roseraie et sa pommeraie ricentenaire, est exquis !
Hampstead Grove • ☎ 0207 435 34 71
www.nationaltrust.org.uk/fenton-house
Mars-sept. : mer.-dim. 11h-17h
Entrée : 9 £.

❷ BURGH HOUSE⋆

Dans cette maison du XVIIIᵉ s. e cachent le musée d'Histoire ocale et une galerie d'art. Une ollection de peintures, de gravures t d'objets illustre l'histoire xceptionnelle de ce petit village attaché à Londres en 1888.
On apprend qu'on y prenait les

eaux au XVIIIᵉ s. pour soigner les maladies de peau, et on fait connaissance avec les nombreuses célébrités qui y trouvèrent refuge.
New End Square • ☎ 0207 431 01 44
• **www.burghhouse.org.uk**
• **Musée :** mer.-ven. et dim. 12h-17h
• **Café :** mer.-ven. 10h-17h, sam. dim. 9h30-17h30 • Accès libre.

❸ TWO WILLOW ROAD⋆

Bel exemple du mouvement moderne, la demeure personnelle de l'architecte Ernö Goldfinger construite en 1939 fascinera les amoureux du design. Intrusion dans l'intimité familiale : les intérieurs aux lignes pures sont aménagés avec les meubles

Étang à Hampstead Heath, p. 112

dessinés par Goldfinger et enrichis d'œuvres d'art offertes par ses illustres amis Max Ernst, Robert Delaunay ou Henry Moore.
2 Willow Rd • ☎ 0207 435 61 66
• www.nationaltrust.org.uk/2-willow-road
• Mars-oct.: mer.-dim. 11h-17h
• Entrée: 8 £.

④ HAMPSTEAD HEATH★★★

Un fabuleux coin de nature sauvage où les Londoniens aiment se réfugier. Ce parc de plus de 320 ha vous déroule son patchwork de bois, de prairies, d'étangs (où les plus courageux n'hésitent pas à se baigner...) et de sentiers pédestres. **Parliament Hill,** le point culminant de la colline, ménage une vue incroyable sur la capitale.

⑤ KENWOOD HOUSE★★

Assoupie dans son parc à l'anglaise, cette demeure du XVIIIe s. est l'œuvre de l'Écossais Robert Adam. Son architecture romantique, qui a servi de décor aux adaptations cinématographiques des romans de Jane Austen, a été entièrement restaurée et présente la belle collection de tableaux léguée par Edward Guinness, le célèbre brasseur irlandais : Hals, Rembrandt, Vermeer, Gainsborough, etc. La bibliothèque, et son plafond voûté peint par le Vénitien Zucchi, est considérée comme l'un des plus beaux intérieurs anglais du XVIIIe s.
Hampstead Lane • ☎ 0208 348 12 86
• www.english-heritage.org.uk • T.l.j. 10h-17h (16h en hiver); f. 24-26 déc.
• Accès libre.

Vue depuis Parliame[nt]

Kenwood House

❻ HIGHGATE CEMETERY★

C'est un peu l'équivalent du Père-Lachaise parisien. Ce superbe cimetière victorien avec ses allées arborées comblera les amateurs de pittoresque. Parmi les nombreuses célébrités de la section est reposent Karl Marx et George Eliot. La partie ouest à l'atmosphère dramatique réunit les plus beaux monuments funéraires conçus pour des familles fortunées. Swain's Lane • ☎ 0208 340 18 34 • www.highgatecemetery.org **Section est :** lun.-ven. 10h-17h, sam.-dim. 11h-17h (16h en hiver) • Entrée : 4 £ • Visite guidée sam. 14h : 8 £ **Section ouest :** visite guidée uniquement lun.-ven. 13h45 (sur résa), sam.-dim. 10h-16h, 15h en hiver (billet sur place) • Entrée : 12 £ (le ticket donne également accès à l'aile est).

Pause gourmande chez Louis Pâtisserie

Le sanctuaire londonien des pâtisseries hongroises ! Cette vieille dame de Hampstead dégage un charme suranné avec ses boiseries, ses banquettes en cuir et sa porcelaine fleurie. Pour accompagner sa tasse de thé, des tartes aux fruits et des gâteaux crémeux, dont le Louis Cake, une création maison (4,65 £).

● 89 • 32 Heath St. • ☎ 0207 435 99 08 • www.louis-patisserie.com • Lun.-sam. 7h-19h, dim. 8h30-18h.

Museum of London Docklands ❹
West India Quay ❸
WESTFERRY CIRCUS
Aspen Way
Crossrail Place Roof Garden
❷ Ⓜ Canary Wharf
❻ Emirates
❶ CANADA SQUARE
One Canada Square Ⓜ Canary Wharf
Bank St.
CARTER CIRCUS
Blackwall Basin
Cabot Sq.
Heron Quays
90
92
69
Marsh
South Dock
Wall
❺ Blue Bridge
91
Prestons Rd
Cuthbertout
North G
Westferry Road
Alpha Grove
Millharbour
Millwall Inner dock
Limeharbour
East Ferry Road
Manchester
Glengall Grove
Thames
Sir John McDougall Gardens
Tiller Road
ISLE OF DOGS
Finland Street
Greenland Dock
Millwall Outer dock

400 m

Une foule pressée portant cravate ou tailleur a remplacé les dockers dans cette zone du nord de l'île aux Chiens devenue deuxième quartier d'affaires de la ville, après la City. Bassins et entrepôts rappellent l'âge d'or des West India Docks, construits en 1802 pour débarquer le rhum et le sucre des Antilles britanniques, et répondent aux buildings d'une nouvelle skyline futuriste, en perpétuelle évolution.

❶ ONE CANADA SQUARE★

Ce bâtiment au toit pyramidal, achevé en 1991, devint vite l'emblème du quartier d'affaires naissant. À l'époque, avec ses 50 étages, il était le plus haut du pays et symbolisait bien les rêves de grandeur du projet. L'architecte César Pelli a voulu y mêler deux inspirations très différentes: l'Elizabeth Tower (qui abrite Big Ben) et le World Financial Center de New York. Poursuivez votre découverte architecturale sur cette place avant de jeter un œil à Cabot Square.

❷ CROSSRAIL PLACE ROOF GARDEN★★

Ce petit jardin perché, abrité sous de belles arches de verre, offre par son choix de plantes tropicales un clin d'œil au passé du quartier. En effet, les bateaux déchargeaient autrefois à West India Docks les cargaisons ramenées des colonies.
Crossrail Place, dernier étage • T.l.j. de l'aube au crépuscule • Accès libre.

❸ WEST INDIA QUAY★★

Ces entrepôts de briques jaunes sont les derniers témoins des docks créés en 1802 par les riches armateurs et planteurs de la West India Company. Le bassin, à l'époque bien plus large, pouvait accueillir 500 navires qu'une armée de grues déchargeait de leurs cargaisons de rhum et de sucre. Les dockers partis, les grues à l'arrêt, le quai s'est peuplé de restaurants et de bars où vous pourrez prendre un bain de soleil.

❹ MUSEUM OF LONDON DOCKLANDS★★★

Le port de Londres a été le fondement de la puissance commerciale et politique de l'Empire britannique ! C'est ce que rappelle cet excellent musée, logé dans un entrepôt à sucre du XVIIIᵉ s., au cœur de l'ancien dock des West Indies. Des Romains aux tours de Canary Wharf en passant par le commerce triangulaire et la vie des docks, plus de 2 000 ans d'histoire sont ici mis en scène. Ne manquez pas la reconstitution d'un village de marins, on s'y croirait !
1 Warehouse, West India Quay • ☎ 0207 001 98 44 • www.museumoflondon.org. uk • T.l.j. 10h-18h • Accès libre.

❺ BLUE BRIDGE ET SOUTH DOCK★

Cet imposant pont à bascule des années 1960 commande l'accès au South Dock de l'île aux Chiens. Ce bassin fut construit dans les années 1860 pour compléter les West India Docks alors à saturation. C'est aujourd'hui une marina où viennent s'amarrer bateaux de plaisance et petits navires de guerre, protégés des marées de la Tamise.

❻ EMIRATES AIR LINE★

Bien qu'un peu excentré et offrant peu de visibilité sur le cœur de la ville, ce téléphérique est un amusant moyen de changer de perspective. Durant le trajet de 10 minutes par dessus la Tamise, l'on aperçoit l'activité sur le fleuve, la Thames Barrier, qui régule le flux des marées, ainsi que le dôme blanc de l'O2, construit pour le millenium et devenu la plus grande salle de concert de la ville.
À l'O2 (Mᵒ North Greenwich) ou au 27 Western Gateway (Mᵒ Royal Victoria) • www.emiratesairline.co.uk • Lun.-jeu. 7h-21h (22h l'été), ven. 7h-23h, sam. 8h-23h, dim. 9h-21h (22h l'été) • Billet : 4,50 £.

22 Greenwich,
HISTOIRE MARITIME

Restos & bistrots p. 153

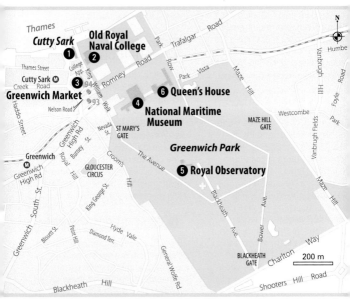

Officiellement, c'est encore Londres, mais Greenwich, c'es[t]
déjà la mer : la Tamise s'élargit vers l'estuaire, le vent forcit..
Et puis il y a l'École navale royale, bijou du baroque anglais, c[e]
musée de la Marine qui célèbre le glorieux Nelson, ou encor[e]
l'Observatoire royal créé au XVIIe s. pour améliorer la naviga[-]
tion. On n'arrive pas à Greenwich, on y aborde ! Raison de plu[s]
pour y aller en bateau : les Thames Clippers (p. 222) vous [y]
emmènent au prix d'un ticket de métro. Humez également le[s]
dernières tendances apportées par les marées créatives dan[s]
les rues du quartier qui façonne son « Design District ».

Coque du *Cutty Sark*

❶ CUTTY SARK★★

Mâts inclinés et coque cuivrée, le
Cutty Sark dégage une incroyable
impression de puissance. Il
faut dire qu'au moment de son
lancement, dans les années 1870,
ce navire était le clipper le plus
rapide du monde, capable de
prendre de vitesse les vapeurs
les plus modernes. Après avoir
été restaurée et rehaussée
de 3 m, la formule 1 des mers se
découvre par en dessous dans une
mise en scène époustouflante.
Son écrin de verre, autour
de la coque, sert aussi de
temps à autre de théâtre.
King William Walk • ☎ 0208 858 44 22
ou ☎ 0208 312 66 08 (résa)
www.rmg.co.uk • T.l.j. 10h-17h
Entrée : 13,50 £.

❷ OLD ROYAL NAVAL COLLEGE★★

Ces bâtiments majestueux, conçus
au début du XVIIIe s. par Wren et
Hawksmoor, occupent le site de
l'ancien palais Tudor d'Henri VIII.
D'abord Royal Hospital for Seamen
destiné aux marins retraités,
puis École navale royale, les lieux
accueillent aujourd'hui l'université
et le conservatoire de Greenwich.
Son joyau baroque, le Painted
Hall, de James Thornhill, est peint
de fresques en trompe-l'œil à la
gloire de Mary et William III. Autre
perle, la chapelle néoclassique
de James Stuart, redécorée en
1781 dans le style grec. Un petit
secret : un tunnel rejoint le Painted
Hall et la chapelle. En 1864,
les pensionnaires de l'hôpital

s'ennuyant, on y installa une Skittle Alley, une sorte de bowling victorien avec des boules en bois. Votre guide vous y conduira peut-être...
King William Walk
• ☎ 0208 269 47 99
• www.ornc.org • T.l.j. 10h-17h ; f. 24-26 déc. • Accès libre • Entrée : 12 £ ; audioguide compris (français disponible).

❸ GREENWICH MARKET★

Installé sous les anciennes halles victoriennes, c'est le cœur battant de Greenwich : artisanat d'art, objets de collection, antiquités, c'est chaque jour un marché différent. Le mercredi et le week-end, place aux cuisines du monde : *churros* du Brésil, sushis, dim sum, fromages italiens, pains traditionnels, c'est idéal pour un déjeuner sur le pouce. Les boutiques autour abritent des galeries de photos, de peintures et de gravures.
5b Greenwich Market

• ☎ 0208 269 50 96
• www.greenwichmarketlondon.com
• T.l.j. 10h-17h30.

❹ NATIONAL MARITIME MUSEUM★★★

4 000 peintures, 2 500 modèles, 3 300 instruments de navigation et une centaine de bateaux... voilà une idée, chiffrée, des collections du plus grand Musée maritime au monde ! C'est l'histoire maritime du pays que l'on expose ici, de la victoire de Nelson à Trafalgar (sa veste trouée de la balle fatale est en vitrine ainsi que le tableau de Turner) aux heures sombres de la traite négrière. L'aile Sammy Offers accueille une exposition permanente sur les explorateurs britanniques avec une époustouflante installation audiovisuelle de 20 m de long ! Une autre galerie est dédiée à la bataille de Jutland (1916), l'affrontement naval le plus complexe de la Première Guerre mondiale. Elle

Pause 100 % *British* : Goddard's

La spécialité de la maison depuis 1890 : le *pie & mash*, un plat anglais composé d'une tourte et de purée. Pour jouer les puristes et tester la recette dans toute son authenticité, optez pour la version au bœuf haché et ajoutez un filet de vinaigre. Si l'on vous propose une *liquor*, n'imaginez pas que l'on vous offre un digestif, il s'agit de la sauce (sans alcool) à base de persil qui accompagne traditionnellement le plat.

● **94 22 King William Walk** • ☎ 020 8305 9612 • www.goddardsatgreenwich. co.uk • Lun.-jeu. 10h-19h30, ven.-sam. 10h-20h, dim.10h-19h30 • *Pie & mash* à partir de 4,40 £, desserts à partir de 2,90 £.

Greenwich Market

opposa sur deux jours la Royal Navy britannique et la Marine impériale allemande en mer du Nord. L'exposition en explique le dénouement pas à pas, mettant en scène les récits de l'époque, les stratégies et technologies utilisées.
Park Row • ☎ 0208 858 44 22
☎ 0208 312 66 08 (résa)
www.rmg.co.uk • T.l.j. 10h-17h
Accès libre.

❺ ROYAL OBSERVATORY★★

Créé en 1675, l'Observatoire royal devait améliorer la navigation par une meilleure connaissance des mouvements célestes. Le site est célèbre pour son méridien d'origine matérialisé par une bande d'acier dans la cour - une longitude 0° devenue depuis 1884 temps de référence universel. À voir : la salle octogonale, les télescopes anciens, le célèbre garde-temps de marine de John Harrison (première horloge assez précise pour le calcul des longitudes), et la météorite Gibeon, vieille de 4,5 milliards d'années.

Dans le dôme du planétarium sont projetés des documentaires vous emmenant découvrir galaxies ou astéroïdes, et une fois par mois en soirée un film de science-fiction.
Blackheath Ave • ☎ 0208 858 44 22
• ☎ 0208 312 66 08 (résa)
• www.rmg.co.uk • T.l.j. 10h-17h
• Entrée : 14,40 £ observatoire, 9 £ planétarium.

❻ QUEEN'S HOUSE★★★

La Queen's House fut imaginée en 1605 par Inigo Jones pour Anne de Danemark. Ce chef-d'œuvre d'équilibre, inspiré de la Renaissance italienne, est le premier édifice classique d'Angleterre. Le Grand Hall, la loggia à colonnade, l'escalier Tulipe... ses trésors sont nombreux, mais c'est aussi une galerie de peinture retraçant l'histoire royale de Greenwich.
Romney Rd • ☎ 0208 858 44 22
• ☎ 0208 312 66 08 (résa)
• www.rmg.co.uk • T.l.j. 10h-17h
• Accès libre.

Restos & bistrot

PAR QUARTIER

Les coups de cœur
DE NOTRE AUTEUR

2020

Difficile de faire son choix tant il y a de restos, de gastropubs et de bistrots à Londres. Valeurs sûres ou nouvelles adresses : voici les coups de cœur de Céline.

Bar Douro

26 GRAINS

Impossible de départager ce qui me charme le plus, entre la beauté de la placette et la saveur de la carte. Voir p. 133.

Z.O.I.L.O.

La viande fond et les saveurs explosent, grâce au talent d'un chef argentin. Voir p. 126.

EMILIA'S CRAFTED PASTA

Des pâtes fraîches à l'italienne, face à l'étonnante marina de St Katharine Docks. Voir p. 82.

CLIPSTONE

Une cuisine britannique moderne qui se surpasse sans pour autant se prendre au sérieux. Voir p. 127.

SANTO REMEDIO

J'adore l'ambiance conviviale et les assiettes à partager de ce resto-bar mexicain. Voir p. 141.

BAR DOURO

Toute la saveur du Portugal dans une adresse d'initiés 100 % londonienne. Voir p. 142.

Clipstone

À SAVOIR

DO YOU EAT BRITISH?

Laissez vos préjugés sur la cuisine anglaise de l'autre côté de la Manche. Londres est une belle **capitale gastronomique.** Côté cuisine *British*, la palette est large entre les *fish & chips* sur le pouce (voir p. 124) et le raffinement des gastropubs (voir p. 158). Pour vivre à l'heure anglaise partagez également avec les Londoniens deux rendez-vous traditionnels : l'***afternoon tea*** et le ***Sunday roast.*** Le premier est un rituel de l'après-midi mêlant thé et mets variés (voir p. 131), le second renvoie au plat dominical le plus apprécié des Anglais : une viande rôtie. Grâce aux vagues migratoires et à la mixité de la ville, un *biryani* à base de riz épicé ou un curry sera presque aussi typique qu'un gigot d'agneau. Explorez l'offre de restaurants indiens d'une grande richesse (voir p. 147) ainsi que les nombreuses propositions végétariennes.

LES TARIFS

Londres est une ville chère, mais les bonnes adresses pour manger à moindre coût sont abondantes. Les restaurants chics sont assez onéreux (60-100 £ pour 2), mais même les meilleurs font des **offres spéciales** (consultez www.squaremeal.co.uk ou www.london-eating.co.uk). Pensez aussi au **menu d'avant-spectacle** *(pre-theatre)* : vous dînerez tôt (18h) mais l'addition sera plus raisonnable (env. 30 £ les 3 plats).

LES POURBOIRES

Le prix indiqué sur les menus n'inclut pas toujours le **service** (dans ce cas, la mention *« service charge included »* est précisée), qui sera ajouté à l'addition. Le pourcentage varie entre 10 et 15 % et est indiqué sur la carte. Si le restaurant n'a pas été à la hauteur, vous pouvez refuser de le payer ou réduire le pourcentage : il faudra toutefois prévenir votre service avant de demander la note. Certaines adresses vous laissent le choix d'ajouter une **gratuity** (pourboire) au moment de payer.

SE REPÉRER

Chaque adresse de restaurant est associée à une pastille orange numérotée. Vous retrouverez toutes les adresses positionnées sur le plan détachable.

Restos & bistrots
PAR QUARTIER

Westminster, Big Ben & Buckingham Palace (Quartier 1 – p. 26)

CINNAMON CLUB
Indien revisité ① Plan C4

Le Cinnamon Club, installé dans le décor vieille Angleterre de la Old Westminster Library, a une idée en tête : fusionner l'Inde et l'Europe dans l'assiette ! Crevettes et filet de lieu noir se mêlent au curry vert, au chutney de mangue et au tamarin ; agneau anglais et cerf écossais sont préparés à la sauce sésame et accompagnés de pickles de légumes racines ou de riz pilaf ; la courge butternut est servie en curry à l'ail confit. Une cuisine très raffinée et élégante. The Old Westminster Library, 30-32 Great Smith St. • M° Saint James's Park • ☎ 0207 222 25 55 • www.cinnamonclub.com • Lun.-ven. 7h30 et 9h45 pour le petit déjeuner puis 12h-14h45 et 18h-22h45, sam.-dim. 12h-14h45 et 18h-20h45 • Menu midi 2 plats 27,50 £, 3 plats 31,50 £, menu dim. 45 £, menu dégustation 95 £.

VOIR AUSSI :

Iris & June | p. 32
| ② Plan C4

Iris & June

Les meilleurs
FISH & CHIPS

Si le *fish & chips* est aujourd'hui la quintessence de la stree
food britannique, il fut à ses débuts symbole du melting-po
culturel de la ville. Il résulte de deux mouvements : l'arrivée des
juifs portugais au XVIIe s. - experts en friture de poisson - e
celle des Belges, à la même époque, et leurs célèbres frites..
Vous les croiserez sur les menus de tous les pubs, mais rien ne
vaut le charme des *fish & chips shops*, surnommés affectueu
sement *« chippies »*.

Poppies of Spitalfields

POPPIES OF SPITALFIELDS

Impossible de résister à l'atmos
phère rétro des lieux ! Généreuse
portions de cabillaud, églefin ou
flétan fondant, servies en cornet à
l'ancienne. Voir p. 139.

ROCK AND SOLE PLAICE

C'est le plus ancien *chippie* de
la ville, une institution. Fritur
ultra-croustillante, service rapide e
petite terrasse. Voir p. 134.

THE GOLDEN HIND

L'un des meilleurs *fish & chips* de la
capitale. Le poisson est tendre e
juteux au cœur - bref, à se damner
Voir p. 127.

Piccadilly Circus (Quartier 2 - p. 36)

TIBITS
Café ⑤ Plan G7

Cette enseigne venue de Suisse réussit à rendre le système du buffet en libre-service ultra-désirable en proposant une déclinaison végétale et colorée, dans un cadre inspiré. Pour 2,40 £ / 100 g le midi et 2,70 £ le soir, faites le plein de salade de quinoa, houmous, soupes, curry, quiche aux légumes, bourguignon de seitan et desserts variés,... Tout est végétarien et une partie de la sélection (bien étiquetée) est même 100 % vegan.
12-14 Heddon St. • ☎ 0207 758 41 10 • www.tibits.ch • Lun.-mer. 9h-22h30, jeu.-ven. 9h-minuit, sam. 11h30-minuit, dim. 11h30-22h30.

VOIR AUSSI :

Swans Bar | p. 37
| ⑥ Plan H8

Mayfair & Oxford Street (Quartier 3 - p. 40)

THE RIDING HOUSE CAFÉ
Anglais ⑦ Plan G6

On s'y presse pour son atmosphère bohème chic. Côté assiette, la maison cède à la mode des *small plates* (7-12 £), soigneusement présentés et légers - tartare de thon et d'avocat aux échalotes croustillantes, sauce wasabi et mirin ou raviolis de crevettes aux haricots noirs - à commander en 4 ou 5 exemplaires. Les gourmands se tourneront vers le poulet à la noix de coco et à la cacahuète (16 £) ou le *kedgeree* (un mélange de riz, de miettes d'églefin fumé, d'œuf dur et de petits pois, 15 £).
43-51 Great Titchfield St.
• M° Oxford Circus • ☎ 0207 927 08 40
• www.ridinghousecafe.co.uk
• T.l.j. 7h30-23h30 (cuisine 22h30)
• Résa conseillée.

THE GUINEA
Anglais ⑧ Plan G7

C'est une des meilleures adresses pour déguster une cuisine anglaise traditionnelle et découvrir une des spécialités du patrimoine gastronomique *British* comme le *beef Wellington* (un rôti de bœuf cuit en croûte) ou la *steak and kidney pie* (sorte de quiche aux rognons). Mieux vaut être là de bonne heure, car ce restaurant est très couru ! Moins cher à l'heure du déjeuner.
30 Bruton Pl. • M° Bond St.
• ☎ 0207 409 17 28
• www.theguinea.co.uk • Bar : lun.-sam. 11h-23h, dim. 12h-17h • Restaurant : lun.-ven. 12h-15h et 18h-22h, sam. 13h-16h et 18h-22h, dim. 12h-15h30 • À partir de 14,25 £, *Sunday roast* **(plat de viande grillée) 22,50 £.**

Clipstone

Marylebone & Regent's Park (Quartier 4 - p. 44)

LE PACHAMAMA
Péruvien   ⑨ Plan B3

Petite entrée discrète sur
Marylebone, on passe facilement
devant sans la remarquer. Le
restaurant est en fait au sous-
sol, joliment éclairé par un puits
de lumière. Mosaïque, béton poli,
plantes vertes, meubles de récup, la
déco rappelle un peu les haciendas.
On vient ici découvrir les saveurs
péruviennes, se régaler de ceviches
acidulés, de *chicharrón* (de la
ventrèche grillée), etc. Les assiettes
sont de vrais poèmes, décorées
de fleurs comestibles, qu'on
photographie longuement avant
de les dévorer. Bonus : les cocktails,
mettant le pisco à l'honneur.
18 Thayer St. • M° Bond St.
• ☎ 0207 935 93 93
• www.pachamamalondon.com

• Lun.-ven. 12h-15h et 18h-23h, sam. 11h-
16h et 18h-23h, dim. 11h-16h et 18h-22h
• Plats 8-16 £ (midi) et 8-32 £ (soir).

Z.O.I.L.O.
Argentin   ⑩ Plan B3

Chaque mois, le chef d'origine
argentine Diego Jacquet trouve de
nouvelles manières de célébrer la
vibrante gastronomie argentine.
Bœuf fondant, *chimichurri*,
crudo de thon, *empanadas* : la
tradition est assurée à travers des
ingrédients sélectionnés avec soin
et une belle touche d'inventivité.
Superbe petite salle privatisable,
pour les grandes tablées.
9 Duke Street • M° Bond Street
• ☎ 0207 486 96 99 • www.zoilo.co.uk
• Lun. 17h30-22h, mar.-sam. 12h-14h30
et 17h30-22h • Lunch 3 plats à 19 £,
plats à la carte 14,90-32,90 £.

CLIPSTONE
Contemporain ⑪ Plan B2

Oubliez les enseignes qui se la
racontent et les noms de plats
alambiqués. Chez Clipstone, on
va à l'essentiel : l'enseigne fait
référence au nom de la rue et le
menu détaille exactement ce qui
se trouvera dans les assiettes.
Et quelles assiettes ! Le meilleur
de la saison se trouve sublimé
par une grande maîtrise des
préparations et une belle intuition
pour les mariages heureux.
Bonus : de bons vins à prix doux.
• Clipstone Street • M° Great Portland
Street • ☎ 0207 637 08 71
http://clipstonerestaurant.co.uk
Lun.-sam. 12h-14h30 et 17h30 et 22h
Entrées de 9 à 13 £ ; plats de 19 à
29 £ ; menu midi : 22 £ (2 plats) et 26 £
(3 plats), .

SOFRA
Turc ⑫ Plan B3

Sur la petite place St Christopher,
devant une jolie fontaine, la
terrasse du Sofra est un lieu très
agréable pour dîner pendant les
douces soirées de printemps ou
d'été. Dans ce restaurant turc, la
diversité des mezze (4 à 6 £ pièce)
séduira à coup sûr les férus de plats
orientaux. Ces petits assortiments
de spécialités permettent de
goûter à différentes saveurs pour
un prix tout à fait raisonnable.
• Saint Christopher's Pl. • M° Bond St.
• ☎ 0207 224 40 80 • www.sofra.co.uk
T.l.j. 8h-23h • À la carte de 10 à 30 £,
menu 3 plats à 13,95 £.

ORRERY EPICERIE
Traditionnel ⑬ Plan B2

À deux pas du célèbre musée
Madame Tussauds, cette
petite épicerie moderne est
une émanation du restaurant
gastronomique du même nom. Elle
essaime quelques tables jusque
sur la terrassse pour goûter aux
appétissants produits de la maison.
Au menu, des plats type lentilles
ou curry indien, des salades
gourmandes et variées, des quiches
maison et de grandes assiettes
de charcuterie ou de fromages.
55 Marylebone High St.
• M° Baker St. ou Regent's Park
• ☎ 0207 616 80 00 • www.orrery-
restaurant.co.uk • Lun.-ven. 9h-17h,
sam.-dim. 8h-17h • Part de quiche : 6 £ ;
plat du jour à partir de 10 £.

THE GOLDEN HIND
Fish & chips ⑭ Plan B3

Il n'a pas l'air comme ça, mais
ce petit *caff* aux murs couverts
de photos noir et blanc des
habitués du début du XXe s. offre
l'un des meilleurs *fish & chips*
de la capitale. Le tableau noir
affiche fièrement tous les
propriétaires depuis 1914 ainsi
que leur nationalité. Ceux
d'aujourd'hui sont grecs – ce qui
explique les fritures de feta –,
mais pleinement convertis au plat
national, ici au cabillaud ou, petite
originalité, au saumon (16-19 £).
73 Marylebone Lane • M° Bond St.
• ☎ 0207 486 36 44 • Lun.-ven. 12h-
15h et 18h-22h, sam. 18h-22h.

QUEEN'S HEAD & ARTICHOKE
Gastropub ⑮ Plan B2

Avant d'aller vous émerveiller devant les roseraies de Regent's Park, vous pouvez faire une halte dans ce magnifique pub victorien métamorphosé en gastropub. On s'installe dans la grande salle du bar, avec ses panneaux de bois à caissons et ses grandes baies vitrées assemblées à la baguette de plomb, pour savourer une cuisine d'inspiration méditerranéenne : saucisses grecques, brochettes d'agneau, et une belle sélection de poissons et de fruits de mer.
30-32 Albany St. • M° Great Portland St. • ☎ 0207 916 62 06 • www.theartichoke.net • Lun.-sam. 11h-23h, dim. 12h-23h • Plat de 7 à 20 £.

VOIR AUSSI :
Wallace Restaurant | p. 46 ⑯ Plan B3

Soho & Carnaby Street (Quartier 5 - p. 48)

BODEAN'S
Barbecue ⑰ Plan H7

Un critique gastronomique n'a pas hésité à dire que Bodean's servait les « meilleurs ribs, de ce côté de l'Atlantique ». Sans s'aventurer dans de telles déclarations, reconnaissons qu'Andre Blais, le fondateur de la franchise, a su insuffler les bons gimmicks de la cuisine US dans ses *smokehouses*.
10 Poland Street • M° Oxford Circus ou Piccadilly Circus • ☎ 0207 287 75 75 • http://bodeansbbq.com • Lun.-sam. 12h-23h, dim. 12h-22h30 • Ribs dès 10.95 £, burgers dès 8,95 £.

SOCIAL EATING
Gastropub ⑱ Plan H7

Jason Atherton, disciple de Gordon Ramsay, s'étend dans Londres en laissant une traînée d'étoiles dans son sillage. Une reconnaissance internationale auréole ce lieu que le chef a laissé aux bons soins de son prodigieux second, Paul Hood. Le jeune toqué y déploie une carte moderne, intelligemment inspirée des classiques anglais. Blind Pig, le bar speakeasy attenant, propose quant à lui des cocktails malicieux, inspirés de contes anglais.
58 Poland Street • M° Oxford Circus ou Piccadilly Circus • ☎ 0207 993 32 51 • www.socialeatinghouse.com • Lun.sam. 12h-14h45 et 18h-22h45 (dernières commandes) • Menu *pre-theatre* (18h-18h30) 3 plats avec cocktail 38 £, menu « *sampler* » 65 £.

BIBIMBAP
Asiatique ⑲ Plan H7

Vous croiserez ici autant de Londoniens que d'Asiatiques,

Bodean's

venus se régaler de *bibimbap*
(8,50-13,50 £) : un savant mélange
de riz, de légumes, de viande
joliment présentés et couronnés
d'un œuf. Le tout est cuit et
servi dans un *dolsot,* un bol en
pierre. Les saveurs sont pensées
pour s'allier à la perfection.
Simple, mais savoureux, avec
en bonus un prix raisonnable,
idéal pour les petits budgets.
**11 Greek St. • M° Tottenham Court
☎ 0207 287 34 34**
**http://bibimbapsoho.co.uk • Lun.-ven.
12h-15h et 18h-23h, sam.-dim. 12h-23h.**

POLPO
Italien   ⑳ Plan H7

Certes, Canaletto a préféré un
temps les rives de la Tamise à sa
lagune natale ; mais transformer
en *bàcaro* la demeure de Soho où
il posa ses valises, il fallait oser !
Tout commence *naturalmente* avec
un *spritz* (7,50 £) et de délicieux
cicchetti (3,80-4,80 £), et se
poursuit sur un mode vénitien

typique : *polpette* (boulettes de
viande, 6,50-9 £), *fritto misto*
(9,50 £), poulpe en salade, risotto
au jarret de porc, *focaccia* grillée...
bref, Venise sans les gondoles !
**41 Beak St. • M° Piccadilly Circus
• ☎ 0207 734 44 79 • www.polpo.
co.uk • Lun.-jeu. 10h-23h30, ven.-sam.
10h-minuit, dim. 12h-23h.**

BOB BOB RICARD
Anglais et russe   ㉑ Plan H7

Le Bob Bob Ricard est sans doute
le plus singulier des derniers-
nés londoniens. Cela tient au
décor Art déco, à mi-chemin entre
l'Orient-Express et un *dining*
américain, autant qu'à la grande
qualité d'une cuisine – les viandes
sont excellentes – placée sous
une double inspiration anglaise
et russe : assiette dégustation
de *zakouski* (hors-d'œuvre
russes) bien sûr, mais aussi bœuf
écossais et poulet à la Kiev.
**1 Upper James St. • M° Piccadilly
Circus • ☎ 0203 145 10 00 • www.
bobbobricard.com • Lun.-mer. 12h30-15h
et 18h-minuit, jeu.-sam. 12h30-15h et
17h30-1h (dernière commande à 22h),
dim. 12h30-15h et 17h30-minuit • Les
enfants de moins de 13 ans ne sont pas
acceptés • Entrées de 10,50 à 27,50 £,
plats de 21,50 à 42,50 £.**

YAUATCHA
Chinois   ㉒ Plan H7

C'est le temple du dim sum, ces
petites bouchées, frites, poêlées
ou à la vapeur. Après le succès
de son restaurant Hakkasan, le

chef chinois Alan Yau remet le couvert et fait de nouveau les choses à la perfection : un décor minimaliste baigné de lumière bleutée et dorée, et des dim sum assez beaux pour les vitrines de la place Vendôme ! Au crabe, à la crevette, au bœuf, au canard, mais aussi au tofu ou à la courge… c'est délicieux, raffiné et léger.
15-17 Broadwick St. • M° Oxford Circus ☎ 0207 494 88 88 • www.yauatcha.com • Lun.-sam. 12h-23h, dim. 12h-22h (dernière réservation) • Dim sum 5-18 £ (les 3), menu dégustation 28 £, pour 2 pers. minimum (lun.-jeu. 14h-17h45).

HERMAN ZE GERMAN
Hot dogs   ㉓ Plan H7

Après la folie burger, Londres s'est pris de passion pour les hot dogs. Ici, on sert des *wursts,* comme en Allemagne. Notre préférée ? Celle avec sauce curry, dont on peut choisir la force en épice, coupée en lamelle dans une barquette avec une portion de frites. Le tout à petit prix !
33 Old Compton St. • M° Leicester Square • ☎ 0207 734 04 31 • www.hermanzegerman.com • Lun.-mer. 11h-23h, jeu. 11h-23h30, ven.-sam. 11h-minuit, dim. 11h-22h30 • *Currywurst* à 7,95 £, menu hot dog + soda artisanal + frites 9,50 £.

BUSABA EATHAÏ
Thaïlandais   ㉔ Plan H7

Une atmosphère relax, dans un décor stylé et intime, un repas à déguster sur de grandes tables d'hôte. Au menu : des *noodles* au wok (11-13 £) – goûtez le fameux *pad thaï* aux crevettes, tofu, œuf, cacahuètes et germes de soja (10,50 £) –, des *stir-fry* de poulet, de bœuf ou de poisson relevés d'épices et de légumes juste saisis (9-11,50 £), ou encore des currys. À déguster dans plusieurs autres restaurants en ville.
106-110 Wardour St. • M° Tottenham Court Rd • ☎ 0207 255 86 86 • www.busaba.com • Lun.-jeu. 12h-23h, ven.-sam. 12h-23h30, dim. 12h-22h.

RANDALL & AUBIN
Brasserie   ㉕ Plan H7

Installé dans une ancienne boucherie (voyez ses crochets à viande), ce restaurant est un petit bonheur au cœur de Soho. Juché sur des chaises hautes, on y déguste des plateaux de fruits de mer à des comptoirs en marbre. Chandeliers, boule à facettes, bouquets de fleurs et musique trip-hop ajoutent à l'atmosphère conviviale de ce bistrot moderne et funky.
16 Brewer St. • M° Piccadilly Circus • ☎ 0207 287 44 47 • www.randallandaubin.com • Lun.-mer. 12h-23h, jeu.-sam. 12h-minuit, dim. 12h-22h • À la carte de 11,50 à 44,50 £.

BOCCA DI LUPO
Italien   ㉖ Plan H7

Ici, presque tout est fait maison : la charcuterie, le pain, les pâtes,

Afternoon teas
IRRÉSISTIBLES

Véritable institution en Angleterre, l'*afternoon tea* pourrait être comparé à un brunch, que l'on prendrait en milieu d'après-midi. Il mêle saveurs sucrées et salées, présentées sous forme de mignardises et canapés. Vous en trouverez dans toute la ville, à tous les prix. Voici notre sélection.

Afternoon Tea Bus

PORTRAIT RESTAURANT

Un agréable *afternoon tea* « avec vue », sur le thème d'*Alice au Pays des Merveilles,* dans le restaurant de la Portrait Gallery. Voir p 54.

AFTERNOON TEA BUS

Version deux en un : dégustation et visite guidée de la ville en bus à impériale rétro. Voir encadré p 145.

THE BASEMENT TEA ROOMS

Une expérience insolite, au milieu d'une boutique vintage de Camden. Voir p 149.

etc. Le menu célèbre avec une certaine fierté les spécialités de 20 régions italiennes ; un vrai voyage culinaire vous attend ! On commande donc une multitude de plats - petits et grands - jusqu'à couvrir la table, et on partage joyeusement. Pour le dessert, faites un saut chez le glacier Gelupo

(même famille, ouv. jusqu'à 23h di dim. au ven., minuit le sam.). *Gelati,* sorbets, *granitas :* les parfums changent tous les jours. Essayez-les en version *affogato,* une boule de glace (pistache, par exemple) sur un espresso. *Delicioso !*
12 Archer St. • M° Leicester Square • ☎ 0207 734 22 23

• www.boccadilupo.com • Lun.-sam. 12h15-15h et 17h-23h, dim. 12h30-15h15 et 17h-21h • Entrées de 3 à 11 £, pâtes et risotto de 8 à 26 £, saucisses maison au foie gras de 11 à 22 £.

VOIR AUSSI:

Hoppers | p. 50
(27) Plan H7

Trafalgar Square & la National Gallery (Quartier 6 - p. 52)

LEICESTER SQUARE KITCHENEN
Péruvien et mexicain (28) Plan H8

Dans un cadre chic, le restaurant déploie un menu tout en citron vert, coriandre et piment habanero. Les gastronomies péruviennes et mexicaines sont présentées dans toute leur modernité. À déguster en menu ou en petites portions de ceviche, salades et autres *tostadas* (sur base de tortilla) à partager. 31-36 Leicester Square • M° Leicester Square • ☎ 0207 666 09 02
• www.leicestersquarekitchen.co.uk
• Jeu.-sam. 7h-23h15, dim. 7h30-23h
• Menu lunch et *pre-theatre* 20 £ (3 plats), ceviche de 6 à 12 £.

BEIJING DUMPLING
Dim sum (29) Plan H7

C'est l'une des meilleures adresses pour expérimenter Chinatown par le palais. L'occasion de goûter des spécialités chinoises (principalement celles de la région du Sichuan) dans une version peu occidentalisée. Aux tables voisines, de nombreux habitants du quartier et des touristes asiatiques en visite semblent apprécier les vapeurs (*bao* et *dumplings*), l'un des points forts du menu. 23 Lisle Steet • M° Leicester Square
• ☎ 0207 287 68 88 • Facebook : @beijingdumpling • Lun.-sam. 12h-23h30, dim. 11h30-22h30 • Vapeurs 5 £/8 pièces, poulet impérial 7 £.

VOIR AUSSI:

Portrait Restaurant | p. 54
(30) Plan H8

Leicester Square Kitchen

Covent Garden (Quartier 7 - p. 56)

26 GRAINS
Café « healthy »　㉛ Plan I7

Alex Hely-Hutchinson a une obsession : le porridge. L'aficionada a réussi à contaminer les Londoniens via un simple pop-up store de métro, avant d'ouvrir cette charmante adresse, au cœur de l'une des plus belles placettes de la ville. Si vous n'êtes pas trop branché porridge, pas de panique : muesli, salades et sandwichs sont également au menu.
1 Neal's Yard • M° Covent Garden • www.26grains.com • Lun.-ven. 8h-16h, sam. 9h-16h, dim. 10h-16h (pas de téléphone) • Porridge de 5 à 6 £.

FIVE GUYS
Burger　㉜ Plan I7

Dans la compétition pour le meilleur burger de Londres, Five Guys est un concurrent redoutable. Débarquée il y a peu des États-Unis, la petite chaîne aux carreaux rouges et blancs a de gros atouts : des petits pains (buns) frais, des burgers de bœuf grillés et juteux, des garnitures originales (champignons grillés, poivrons, piccalilli, etc.) et des frites fraîches cuites à l'huile de cacahuète à se pâmer !
1-3 Long Acre • M° Leicester Square • ☎ 0207 240 20 57 • www.fiveguys.co.uk • Lun.-jeu. 11h-23h30, ven.-sam. 11h-minuit, dim. 11h-22h30 • Burger de 4,95 à 9,95 £.

DISHOOM
Indien　㉝ Plan I7

Vous voilà dans l'un de ces vieux cafés populaires de Bombay. Dans la version londonienne, c'est sous le regard des stars de Bollywood, affichées aux murs, que l'on découvre les biryani (9,50-11,50 £) – du riz basmati mélangé à de l'agneau ou du poulet épicé, des grillades marinées et cuites au feu de bois – ou les gunpowder patatoes au masala (6,70 £). Pour éteindre le feu, un Limca (3,90 £), soda au citron vert très populaire en Inde, devrait faire l'affaire.
12 Upper Saint Martin's Lane • M° Leicester Square • ☎ 0207 420 93 20 • www.dishoom.com • Lun.-ven. 8h-23h (minuit ven.), sam.-dim. 9h-minuit (23h dim.).

STICKS'N'SUSHI
Japonais　㉞ Plan I7

La chaîne, très célèbre au Danemark, allie l'élégance du style nordique à la finesse des plats japonais. Plutôt qu'une longue liste de sushis, brochettes, sashimis... le menu se présente sous forme d'album photo. Offrez-vous l'un des assortiments, présentés comme une palette d'artiste. Les familles sont chaleureusement accueillies.
11 Henrietta St. • M° Covent Garden • ☎ 0203 141 88 10 • www.sticksnsushi.com • Lun.-sam. 12h-23h, dim. 12h-22h • Beef tataki 10,50 £, stick saumon 3 £.

BOKI
Café
 Plan I7

Avis aux lève-tard et aux inconditionnels des *avocado toasts* et autres œufs Bénédicte : Boko a décidé de servir un « *all day brunch* ». Toute la journée, c'est jusqu'à 17h, ensuite cette adresse chaleureuse dégaine les cocktails tel le très londonien negroni (avec café et campari) et les gins infusés maison (7 £). Coup de cœur pour le bar végétalisé, installé sous un puits de lumière.
20 Earlham Street • M° Covent Garden • ☎ 0207 836 85 89
• www.bokisevendials.com • Lun. 9h-18h, mar.-jeu. 9h-19h, ven. 9h-22h, sam. 10h-18h, dim. 11h-18h • Sandwich dès 6,50 £.

ROCK AND SOLE PLAICE
Fish & chips
 Plan I7

Ce *fish & chips*-là est une véritable bénédiction : installée à l'écart de la furie marchande et de la foule de Covent Garden, cette institution de quartier, tenue par des Chypriotes turcs, offre une petite, mais exceptionnelle terrasse ombragée dans une rue très calme. Touristes et employés du quartier rivalisent d'ingéniosité pour occuper les quelques tablées à partager, mais les *fish & chips* maison valent largement un peu d'attente.
47 Endell St. • M° Covent Garden ☎ 0207 836 37 85 • www.rock andsoleplaice.com • Lun.-sam. 11h30-22h30, dim. 12h-22h • *Fish & chips* de 16,50 à 19,50 £ (sur place).

RULES
Anglais
Plan I7

C'est le plus vieux restaurant londonien, fondé en 1798. Avec ses murs constellés de portraits anciens, de caricatures et de trophées de chasse, le décor vaut le coup d'œil. À partir du mois

d'août, on peut goûter un gibier
excellent et, le reste de l'année,
on y trouve toutes les spécialités
anglaises traditionnelles. À noter,
la savoureuse carte des desserts.
35 Maiden Lane • M° Covent Garden
• ☎ 0207 836 53 14 • www.rules.co.uk

• T.l.j. 12h-23h45 (22h45 dim.)
• Plats de 19,95 à 42,50 £.

VOIR AUSSI :

Monmouth Coffee | p. 58
| ③⑧ Plan I7

Holborn & le British Museum (Quartier 8 - p. 60)

MIRROR ROOM@ ROSEWOOD
Afternoon tea   ③⑨ Plan C3

Mark Perkins, le chef pâtissier
du somptueux hôtel Rosewood,
est féru d'art et cela se ressent tout
de suite à l'heure de l'*afternoon
tea*. Quand il ne crée pas des
délices qui rendent hommage
aux œuvres de Kandinsky,
Banksy ou Pollock, il s'inspire des
grandes expositions artistiques
londoniennes du moment pour
créer une proposition à thème.
Un *afternoon tea* de luxe (à
partir de 60 £) à savourer
dans un cadre à la hauteur.
252 High Holborn • M° Holborn
• ☎ 0207 781 88 88
• www.rosewoodhotels.com
• Lun.-ven. 14h30-18h, sam. 12h-17h45,
dim. 12h-17h45.

KIMCHEE
Coréen   ④⓪ Plan C3

Kimchee (*kimchi*, à la française),
c'est le nom d'une préparation
traditionnelle coréenne, composée
de légumes fermentés. Ces sortes
de pickles savoureux s'inscrivent
ici à la carte, aux côtés d'autres
spécialités dépaysantes comme les
bibimbap, des bols composés de riz,
légumes, œuf et viande, à déguster
dans un plat en pierre (dès 10,20 £).
71 Hight Holborn • M° Holborn ou
Chancery Lane • ☎ 0207 430 09 56
• http://kimchee.uk.com • Lun.-ven.
12h-15h et 17h-22h30, sam. 12h-22h30,
dim. 12h-22h.

VOIR AUSSI :

Fields Bar & Kitchen | p. 63
| ④① Plan C3

Saint Paul's Cathedral & la City (Quartier 9 - p. 66)

HOST CAFÉ
Café   ④② Plan D3

Comptez sur Londres pour vous
offrir des pauses inattendues,

comme ce petit café, situé dans
la nef même de l'église. Quelques
fleurs sur les tables, une belle
expertise côté caféine *(aeropress,
cold brew)*, une sélection de

viennoiseries et de gâteaux moelleux... mais surtout une vue à couper le souffle sur les arches gothiques et le plafond sculpté en éventail. On en

oublie de boire son *espresso*.
Église Saint Mary Aldermary, Watling St
• M° St Paul's • ☎ 0207 248 99 02
• www.moot.uk.net • Lun.-jeu. 7h30-16h30 et ven. 7h30-16h.

Clerkenwell (Quartier 10 - p. 72)

LAS IGUANAS
Sud-américain ㊸ Plan C3

Brésil, Mexique, Argentine, Pérou; c'est tout un pan de l'Amérique du Sud qui se déploie dans ce menu composé à la fois de chili con carne et de « Buenos Aires Burger ». Une adresse parfaite pour les familles qui se réjouiront des larges espaces, des grandes tablées, du kit de coloriage et du « *ninos meal* » à 5,90 £. Les voyageurs sans enfant apprécieront l'ambiance décontractée et les autres petites attentions de la chaîne, comme l'happy hour sur les cocktails (2 pour 20,95 £), qui dure toute la journée.
The Brunswick Center, Marchmont St.
• M° Russel Square • ☎ 0203 058 33 27 • www.iguanas.co.uk • Dim.-jeu. 10h-22h30, ven.-sam. 10h-23h30.

THE MODERN PANTRY
Gastronomique ㊹ Plan D2

Depuis l'ouverture de ce resto en 2009, la chef néo-zélandaise Anna Hasen n'en finit pas de séduire les palais avec sa cuisine fusion aux saveurs inédites. The Modern Pantry offre un décor

épuré et lumineux où se pressent les créatifs du quartier. Goûtez au mille-feuille pomme-caramel et sa glace à la cardamome et au safran.
47-48 Saint John's Square
• M° Farringdon ☎ 0207 553 92 10
• www.themodernpantry.co.uk • **Café :** lun.-ven. 8h-11h et 12h-22h30 (22h lun.), sam. 9h-16h et 18h-22h30, dim. 9h-16h et 18h-22h • **Restaurant :** mar.-ven. 12h-15h et 18h-22h30, sam. 9h-16h et 18h-22h30, dim. 10h-16h • Plats de 17 à 22 £, *afternoon tea* de 23,50 à 29,50 £.

CARAVAN
Bistrot ㊺ Plan D2

Bar, restaurant et torréfacteur (la brûlerie est au sous-sol)... Caravan est tout cela à la fois. On vient dans cette grande salle à la déco un rien design pour un déjeuner, un brunch ou tout simplement un mojito. Et dans votre assiette (à choisir entre petite et grande suivant votre appétit) ? Du thon avec une vinaigrette au gingembre, des petites salades, des patates douces dans une sauce tout aussi délicate...
11-13 Exmouth Market • M° Farringdon
• ☎ 0207 833 81 15
• www.caravanrestaurants.co.uk

Lun.-ven. 8h-22h30, sam. 9h-22h30,
m. 9h-16h • Brunch sam.-dim. 9h-16h
*Small plates de 6 à 8,50 £, large
ates de 14,50 à 19 £.*

THE PEASANT
Gastropub　　　　　46 Plan D2

u XIXe s., les frères Wright ont
ardé les carreaux de faïence,
mosaïque au sol et surtout
esprit du pub avec une sélection
e bières anglaises, irlandaises...
e premier ordre. Au menu : la
assique joue de porc braisée
ccompagnée d'un cassoulet à l'ail,
ais également le lieu rôti et ses
ommes de terre aux herbes. À
éguster en bas pour l'ambiance
ub, ou au 1er étage, plus cosy.
40 Saint John St. • Mº Farringdon
• ☎ 0207 336 77 26
www.thepeasant.co.uk • T.l.j. 12h-23h

Las Iguanas

(21h30 dim.) • **Bar :** plats de 10 à 15 £
• **Restaurant :** 2 plats à 22 £, 3 plats à
26 £.

ST JOHN
Anglais　　　　　47 Plan D2

Ce restaurant offre une très
bonne et traditionnelle cuisine
anglaise à un prix tout à fait
raisonnable. Ne vous attendez pas
à un décor extraordinaire, mais
le service est tout à fait honnête.
Vous aurez le choix entre des
spécialités régionales oubliées et
les grands classiques revisités.
26 Saint John St. • Mº Farringdon
• ☎ 0207 251 08 48
• www.stjohnrestaurant.com • Lun.-ven.
12h-15h et 18h-23h, sam. 18h-23h, dim.
12h30-16h • À la carte de 16 à 38 £.

LADY OTTOLINE
Gastropub　　　　　48 Plan C2

The Lady Ottoline incarne à lui seul
toute l'expérience du gastropub
anglais : long bar à bières,
parquet blond, mobilier rustique
et banquettes Chesterfield. Côté
cuisine, des classiques anglais
– *scotch egg* (5,50 £), *fish & chips*
(13 £) – associés à des touches de
Méditerranée (mozzarella, *bresaola,*
gnocchis, etc.). Large choix de vins.
11A Northington St. • Mº Russel Square
• ☎ 0207 831 00 08
• www.theladyottoline.net
• T.l.j. 12h-23h (17h dim.) ; f. j.f.

VOIR AUSSI :
Morito | **p. 74** | 49 Plan D2

Nos gastropubs
PRÉFÉRÉS

La cuisine de pub a gagné ses lettres de noblesse. Les établissements classiques font un effort pour servir des plats de bonne facture et surtout, une nouvelle génération a émergé. Sous l'étiquette « gastropub », sorte d'équivalent anglais de notre « bistronomie », des chefs proposent des assiettes tirées au cordeau qui puisent dans la tradition culinaire et les produits *British* pour composer des menus hauts en saveur.

The Bull & Last

QUEEN'S HEAD & ARTICHOKE

On y mêle à la perfection cuisines française et britannique. Voir p. 128.

SOCIAL EATING

À ceux qui doutent encore du raffinement des gastropubs... ou pubs gastronomiques ! Voir p. 128.

PIG & BUTCHER

Une carte qui change tous les jours et tourne autour de la viande en provenance des meilleurs élevages du Royaume-Uni. Voir p. 148.

THE BULL & LAST

Ambiance et assiettes authentiques, dans les murs d'un ancien relais de diligence du XIXᵉ s. Voir p. 150.

Spitalfields Market & l'East End (Quartier 11 – p. 76)

WRIGHT BROTHERS
Fruits de mer
50 Plan E2

Le restaurant sert non seulement
d'excellentes huîtres, mais aussi
des moules et des crustacés,
arrivés en direct de la ferme
familiale de Cornouailles,
que le chef Richard Kirkwood
accommode au piment ou à
la joue de porc... Les frères
Wright ont une botte secrète :
un immense réservoir d'eau
de mer reproduisant vagues et
marées, où les huîtres s'affinent
jusqu'à la dernière minute !
7/9 Lamb St., Old Spitalfields Market
• M° Liverpool St. • ☎ 0207 377 87 06
• www.thewrightbrothers.co.uk
• Lun.-sam. 12h-22h30, dim. 12h-21h30
• Plats de 12,75 à 23,75 £, sélection
huîtres 18 £.

E. PELLICCI
Anglais
51 Plan F2

Dans cet East End populaire et
cosmopolite, avec son superbe
décor Art déco en marqueterie,
E. Pellicci est la Rolls du caff. C'est
petit, bourré à craquer et bruyant,
mais depuis plusieurs dizaines
d'années, c'est la cantine des
habitués du quartier, des grands-
mères, des ouvriers et des jeunes
artistes un peu fauchés de l'East
End. Tenu par la même famille
italienne depuis les années 1940,
on y savoure les classiques
fish & chips (8,50 £), burgers,

omelettes, pâtes (8,80 £)...
332 Bethnal Green Rd • M° Bethnal
Green • ☎ 0207 739 48 73
• www.epellicci.com • Lun.-sam. 7h-16h ;
f. en août.

TAYYABS
Indien
52 Plan F3

Au cœur du populaire Whitechapel,
derrière la grande mosquée de
l'est de Londres, Tayyabs est
l'adresse parfaite pour s'initier
à la cuisine du Pendjab (nord-
ouest de l'Inde). Ici, un repas ne
commence pas sans un plat de
côtes d'agneau marinées et grillées,
à déguster avec les doigts, c'est
bien meilleur. Autre spécialité,
outre les tikka et masala, le karahi
gosht, délicieux ragoût d'agneau
à l'ail, au masala et au piment
vert cuit et servi dans un gros
caquelon... On pleure, mais c'est
divin ! À noter : le lieu est branché
mais, en conséquence, bruyant.
83-89 Fieldgate St. • M° Aldgate East
• ☎ 0207 247 64 00
• www.tayyabs.co.uk • T.l.j. 12h-23h30.

POPPIES OF SPITALFIELDS
Fish & chips
53 Plan E2

Le juke-box, caréné comme une
Cadillac, crache le Womp-bomp-
a-loom-op-a-womp-bam-boom
de Little Richard tandis que les
serveuses, en pin-up, envoient
des fish & chips croustillants

à souhait... Ne manquent que les Teddy Boys pour compléter le Spitalfields d'après-guerre de Pop, le patron. Cabillaud, églefin ou flétan, le poisson est excellent et les parts sont généreuses (13,95-17,95 £).
6 Hanbury St. • M° Shoreditch High St.
• ☎ 0207 247 08 92
• www.poppiesfishandchips.co.uk
• T.l.j. 11h-23h.

HAWKSMOOR
Viande Plan E2

Ici, l'aloyau, le rumsteak et la côte de bœuf sont servis dans des proportions gargantuesques (jusqu'à 1 kg) ! On ignore si Nicolas Hawksmoor, qui a donné son nom à l'établissement et qui était l'élève de Christopher Wren, aimait le bœuf, mais les encravatés de la City voisine en raffolent. On les comprend, car ici on sert du Longhorn, dont la saveur tient à un abattage tardif et à la longue maturation de la viande.

Goûtez le rumsteak vieilli pendant 55 jours (21 £), fabuleux.
157 Commercial St. • M° Liverpool St.
• ☎ 0207 426 48 50 • www.
thehawksmoor.com • Lun.-sam. 12h-
14h30 (sam. 15h) et 17h-22h30, dim.
12h-21h • Menu express (lun.-sam. 12h-
15h et 17h-18h) 2 plats à 26 £,
3 plats à 29 £.

BEIGEL BAKE
Bagel Plan E2

La boulangerie de Sammy Minzly rappelle cette époque (1880-1970) où les émigrés juifs de Spitalfields formaient la plus grande communauté juive d'Europe. Ces petits pains ronds se mangent nature (0,30 £), garnis de saumon fumé et de *cream cheese* (2,20 £) ou de bœuf fumé. Une adresse très populaire où l'on fait la queue pour s'offrir les meilleurs bagels de Londres !
159 Brick Lane • M° Shoreditch High St.
• ☎ 0207 729 06 16
• www.beigelbake.com • T.l.j. 24h/24.

Des *food tours* pour découvrir Londres avec les papilles

« On est ce que l'on mange », Eating London Tours tire le meilleur de cet adage en expliquant la ville par le biais de ses habitudes alimentaires. Des traditions anciennes aux nouveaux usages nés des migrations, le guide a de savoureuses anecdotes à partager. Pour vous assurer une parfaite compréhension du quartier, vos papilles seront bien entendu réquisitionnées (n'envisagez pas de faire un repas juste avant ou après !). Parmi les trois circuits proposés, coup de cœur pour la visite de l'East End dans tout son éclectisme (80 £, 4 h, 7 dégustations).

Eating London Tours, ☎ 01223 793177 • www.eatinglondontours.co.uk
• De 69 à 94 £/pers.

Tower Bridge & Tower of London (Quartier 12 – p. 80)

SANTO REMEDIO
Mexicain ㊹ Plan E4

au plafond, des *papel picados*,
es guirlandes de papier découpé
vec adresse ; dans les cocktails,
u mezcal et de la tequila. Pas de
oute, c'est bien un petit coin de
Mexique qui se cache derrière cette
orte, dans toute sa convivialité et
on sens des petits plats cuisinés
our être partagés. Aux côtés
es traditionnels guacamoles et
uesadillas (6 £), exécutés avec
rio, des salades de cactus et
utres mets plus exotiques ne
emandent qu'à être découverts.
52 Tooley St. • M° London Bridge
☎ 0207 403 30 21 • www.
antoremedio.co.uk • Restaurant : lun.-
u. 12h-15h et 17h30-22h45, ven.-sam.

12h-22h45, dim. 10h-22h (brunch 10h-
16h) ; bar et snack en semaine : 12h-fin
de soirée.

BUTLERS WHARF CHOP HOUSE
Viande ㊺ Plan E4

Ce restaurant peut se targuer
d'avoir une vue imprenable sur
Tower Bridge. Vous y trouverez
filets de poulet fermier (17,5 £) et
fish & chips, mais la spécialité de
la maison, c'est la viande rouge.
Toutes les pièces sont taillées dans
des bœufs de la race Aberdeen
Angus et plus précisément d'un
cheptel élevé dans le parc national
écossais des Cairngorm. Cuites
au four Josper, les pièces
sont pour la plupart maturées

o Remedio

entre 42 et 60 jours et servies
dans des portions pouvant
atteindre le kilo (19,50-85 £).
36e Shad Thames • M° Tower Hill ou
London Bridge • ☎ 0207 403 34 03
• www.chophouse-restaurant.co.uk
• T.l.j. 12h-15h30 et 17h30-22h30
• Menu 3 plats à 28,50 £.

M. MANZE
Pie & mash   58 Plan E4

M. Manze n'est pas seulement l'un
des plus vieux *pie & mash*. C'est
aussi l'un des derniers bastions
de la culture populaire cockney.
À midi, dans une ambiance
de bruit de gamelles et de voix
tonitruantes, tout un monde
s'entasse sur des bancs sans âge
pour sa tourte à la viande avec sa
purée maison, arrosée de *gravy*,
et son anguille en gelée ou au
court-bouillon, nappée de *liquor*
(sauce au beurre et au persil).

Bar Douro

87 Tower Bridge Rd • ☎ 0207 407 29 85
• www.manze.co.uk • Lun.-mer. 10h30-
14h15, ven.-sam. 10h-14h45 • *Pie &
mash* à partir de 4,30 £.

VOIR AUSSI :

Emilia's Crafted Pasta | p. 82
| 59 Plan E3

Southwark & la Tate Modern (Quartier 13 - p. 86)

BAR DOURO
Portugais   60 Plan D4

Cette adresse a tout d'une
escapade. D'abord, il faut trouver
la petite entrée d'un passage, sous
les voies de chemin de fer, puis
s'aventurer vers l'inconnu, entre les
alléchants stands de ce surprenant
food court. À l'arrivée : une dose
d'évasion qui mêle carreaux
d'azulejos, *bacalhau*, poulpe frais,
pastel de nata. Face à la carte
du Portugal qui accompagne la

sélection de vins, l'on se surprend
à ne plus exactement savoir dans
quelle ville se déroule le repas.
Flat Iron Square (arch 35B) • 68 Union
Street • M° London Bridge
• ☎ 0207 378 05 24 • www.bardouro.
co.uk • Lun.-sam. 12h-15h30 et 17h30-
22h, dim. 12h-16h30 (avr.-sept.) •
Portions à partager dès 4 £.

VOIR AUSSI :

Borough Market | p. 89
| 61 Plan D-E3

Southbank et le London Eye (Quartier 14 - p. 90)

THE GREEN ROOM
Américain   ⑥② Plan D3

Il ne fallait rien de plus qu'un carré de pelouse et des tables arrosées de lumières pour que ce restaurant fasse figure d'oasis dans un quartier qui exploite minutieusement la large palette des gris. Cet agréable café dépendant du Théâtre national (mais installé dans une autre rue) se définit comme un « *diner* de quartier » et sert des plats d'inspiration américaine, élaborés avec des produits anglais : burgers (12,75 £), pain de viande (13,50 £), *hot chocolate brownie* (6 £), etc.
101 Upper Ground • Mᵒ Waterloo • ☎ 0207 452 36 30 • http://greenroom.nationaltheatre.org.uk • Lun.-sam. 11h-22h30, dim. 11h-20h.

Knightsbridge, près du V&A Museum (Quartier 15 - p. 92)

BIBENDUM OYSTER BAR
Fruits de mer   ⑥③ Plan A4

Vous ne pouvez pas manquer ce restaurant situé au rez-de-chaussée du magnifique édifice Michelin. Aucune réservation n'est possible, vous devrez faire la queue avant d'avoir une table. Même si vous n'y déjeunez pas, faites donc le tour des anciens bureaux Michelin... Tuiles vernies, vitraux mettant le bonhomme en pneu (fumant le cigare ou s'offrant un tour à vélo !) à l'honneur, fresques, etc. Un petit bar à huîtres et fruits de mer occupe l'entrée, le restaurant est à l'étage (plateau de fruits de mer 38 £). Même les assiettes sont estampillées du bibendum.
Michelin House, 81 Fulham Rd • Mᵒ South Kensington • ☎ 0207 589 14 80 • www.bibendum.co.uk • Lun.-ven. 8h-minuit, sam. 9h-minuit, dim. 10h-23h30.

BAKER & SPICE
Pâtisserie café   ⑥④ Plan A4

Pour déjeuner vite et malin, direction Baker & Spice : des petits pains croustillants aux salades, des pâtisseries aux conserves, tout est fait maison dans cette boutique qui fait à la fois office d'épicerie fine, de café et de traiteur. Vous avez le choix : une dizaine de salades (9,50-14,50 £) - goûtez celle au riz sauvage, aux grenades et aux épinards -, de délicieux pains de campagne et une montagne de *muffins* et de *cookies* (3,80-4,50 £).
47 Denyer St. • Mᵒ South Kensington • ☎ 0207 225 34 17 • www.bakerandspice.uk.com • Lun.-sam. 7h-19h, dim. 8h-18h.

VOIR AUSSI :

Raison d'être I p. 95
I ⑥⑤ Plan A4

Chelsea & King's Road (Quartier 16 - p. 96)

PEGGY PORSCHEN PARLOUR
Cupcakes ⑥⑥ Plan B4

Déjà au loin, la boutique séduit avec sa façade rose arrondie et sa porte encadrée d'une arche de fleurs. À l'intérieur, les vitrines exhibent des cupcakes plus travaillés les uns que les autres, avec de nombreux clins d'œil aux obsessions de saison. Si vous n'avez pas le temps d'attendre une place à l'une des tables du micro-salon de thé, optez pour les gâteaux à emporter.
116 Edury St. • M° Victoria Station ou Sloane Square • ☎ 0207 730 13 16
• www.peggyporschen.com
• T.l.j. 8h-20h • Cupcakes 4,50-6 £.

BUMPKIN
Anglais ⑥⑦ Plan A5

Inutile d'être un paysan mal dégrossi (un *bumpkin*) pour pousser la porte de cette bonne adresse de South Kensington. Il vous suffit d'aimer la cuisine anglaise, le style cottage-chic et les cuisines ouvertes. Dans l'assiette, le meilleur des produits anglais en provenance de fermes et de pêcheries scrupuleusement sélectionnées : faux fillet au beurre d'estragon (28 £), maigre au salsifi et à la salicorne (18-19 £), des classiques comme le *fish & chips*, mais aussi des vins anglais (goûtez le rosé pétillant, à 8,50 £ le verre). N'hésitez pas à glisser dans votre valise confitures ou autre chutney.

102 Old Brompton Rd • M° South Kensington • ☎ 0207 341 08 02
• www.bumpkinuk.com
• Lun.-ven. 11h-23h, sam.-dim. 10h-23h.

DUKE OF YORK SQUARE MARKET HALL
Street food ⑥⑧ Plan B5

Le meilleur jour pour faire un tour à la Saatchi ? Le samedi, assurément, car un petit marché de street food s'installe à ses côtés. Les effluves sont alléchants et l'on y perd toute logique, zigzaguant du salé au sucré en testant tout

Peggy Porschen

dans le désordre. *Dumplings*,
uîtres britanniques, *spring rolls*
u canard, *gnocchi* et *mochi*,
rownies et doughnuts fourrés,
y a en a pour tous les goûts !
0 Duke of York Square
M° Sloane Square

• www.dukeofyorksquare.com
• Sam. 10h-16h.

VOIR AUSSI :

Bluebird Café | p. 97
| 69 Plan A5

THE SHED
Anglais   70 Plan p. 98

Dans ce Notting Hill très m'as-
u-vu, l'« abri » des frères Gladwin
st réconfortant. C'est qu'ici, dans
e décor reconstitué d'une vieille
range, il y a du retour aux racines
ans l'air. Oliver et Richard y
uisinent ce que Gregory élève et
roduit dans la ferme familiale du
Vest Sussex : des cailles rôties, des
aucissons au fenouil, des fromages
e chèvre… et même quelques
outeilles de leur vignoble. Tout
st hyper frais, de saison et, pour
oûter à tout, les plats sont servis
n petites portions (compter
-4 *small plates*/pers., de 6 à 16 £).

122 Palace Gardens Terrace
• M° Notting Hill Gate • ☎ 0207 229
40 24 • www.theshed-restaurant.
com • Lun. 18h-23h, mar.-sam. 12h-15h
(16h40 le sam.) et 18h-23h.

OTTOLENGHI
Bistrot   71 Plan p. 98

Chez Yotam Ottolenghi,
le chef star anglo-israélien, vous
trouverez de succulentes salades,
des tajines, des viandes rôties et
de délicieuses pâtisseries. Tout
est frais, fait maison comme
les croissants à la farine et au
beurre français ! On y mange à
une table commune (10 places),
comme cela se fait beaucoup à

Afternoon tea bus tour

Brigit's Bakery fusionne deux des emblèmes de la ville : les bus
à impériale et les *afternoon tea*. À bord d'un Routemaster des
années 1960, redécoré et pourvu de tables, profitez durant 1h30
d'une visite de la ville par ses incontournables : Buckingham Palace,
Notting Hill, Hyde Park, etc. Au menu : un assortiment sucré-salé
arrosé de thé Betjeman & Barton (ou de cocktails, sur certains tours).

Brigit's Bakery • Réservations ☎ 020 3026 1188 • www.b-bakery.com
• Formule classique 45 £ / adulte (+ 3,50 £ par table).

Londres, dans un cadre épuré aux allures de galerie d'art. Plusieurs autres adresses londoniennes.

63 Ledbury Rd • M° Notting Hill • ☎ 0207 727 11 21 • www.ottolenghi.co.uk • Lun.-sam. 8h-20h (19h sam.), dim. 8h30-18h • Salades de 16,50 à 18,80 £, plats de 18,80 à 21,60 £.

THE FARMGIRL CAFÉ
Café   ⑦2 Plan p. 98

Cet adorable café, niché dans une petite cour, surfe sur la vague *healthy*. On y dévore du granola maison au sureau et zestes d'orange (8,50 £), du porridge, des *avocado toasts* saupoudrés de grenade juteuse (8 £). L'adresse est surtout célèbre pour ses *latte* floraux (3,70 £) : le lait est parfumé à la rose ou à la lavande. Surprenant, mais addictif.

59A Portobello Rd • M° Notting Hill • ☎ 0207 229 46 78 • www.thefarmgirl.co.uk • Lun.-ven. 8h30-16h30, sam.-dim. 9h-18h.

SNAPS + RYE
Bistrot danois   ⑦3 Plan p. 98

Les touristes descendent rarement si loin sur Portobello, pourtant la rue est riche en petites boutiques d'antiquités et cafés. Comme ce petit bistrot danois ! Boulettes de viandes à tomber, *Smørrebrød,* salade de maquereau et betterave... mais on peut aussi s'arrêter pour un chocolat chaud saupoudré de poudre de réglisse (4 £) et une part de gâteau avec boule de glace au sureau...

93 Golborne Rd • M° Westbourne Park • ☎ 020 8964 30 04 • http://snapsandrye.com • Mar.-mer. 8h-17h, jeu.-sam. 9h-23h, dim. 9h30-15h30 • Plats env. 15-18 £, desserts 5-8,50 £.

VOIR AUSSI :

Biscuiteers | **p. 99** | ⑦4 Plan p. 98

King's Cross (Quartier 18 - p. 102)

GERMAN GYMNASIUM
Grand café   ⑦5 Plan C1

Le restaurant doit son nom à l'usage originel de ce singulier bâtiment aux lignes pures et à l'impressionnante hauteur sous plafond. Il fut construit en 1865, grâce à des fonds allemands, pour accueillir le premier gymnase du pays. De l'héritage germanique, l'on retrouve quelques traces sur la carte avec une vaste offre de saucisses, *currywurst* en tête (11,80 £), ainsi que du foie de veau la mode berlinoise et des *schnitzel* (dès 18,50 £). Le chef allemand Bjoern Wassmuth manie également d'autres inspirations, entre burger et crevettes enrobées de coco.

1 King's Boulevard • M° King's Cross St Pancras • ☎ 0207 287 80 00 • www.germangymnasium.com • Lun.-ven. 8h-22h, sam.-dim. 10h-22h.

Notre top
DES RESTOS INDIENS

La gastronomie indienne est si intégrée à la culture britannique que le *chicken korma* est aujourd'hui considéré parmi les plats nationaux et figure souvent au menu des pubs. Longtemps restée traditionnelle, cette gastronomie se fait aujourd'hui plus audacieuse, élégante et promet un véritable voyage culinaire à travers l'Inde. Pour le crémeux, préférez *biryanis* et *kormas* à accompagner de naan, ces pains plats parfumés. Les aventureux tenteront quant à eux le *vindaloo*, plus enflammé.

CINNAMON CLUB

Rencontre des saveurs indiennes et européennes, dans le magnifique cadre de l'ancienne bibliothèque de Westminster. Voir p. 123.

DISHOOM

Déco et menu inspirés des vieux cafés de Bombay. Et chai à volonté ! Voir p. 133.

NAMAASTE KITCHEN

Cuisine indienne et pakistanaise, avec d'excellents plats au tandoor. À essayer absolument, le *korma* à la pistache ! Voir p. 149.

MASALA ZONE

Un restaurant indien incontournable pour ses saveurs franches à petit prix et ses *thalis,* un assortiment de bols. Voir p. 150.

The Lighterman

PIG & BUTCHER
Gastropub
76 Plan D1

Cela vaut la peine de s'aventurer à l'est de King's Cross pour découvrir cette institution gastronomique. Le restaurant est installé dans un ancien pub datant du milieu du XIXe s. et se revendique « table de ferme ». Guidée par une réflexion sur les produits et leur provenance, l'équipe se charge, sur place, de la découpe de la viande. Tous les jours, le menu est remanié, en fonction des arrivages et des inspirations.
80 Liverpool Rd • M° Angel • ☎ 0207 226 83 04 • www.thepigandbutcher. co.uk • Lun.-mer. 17h-23h, jeu. 17h-minuit, ven.-sam. 12h-minuit, dim. 12h-23h (fermeture de la cuisine lun.-sam. 22h, dim. 21h) • Plats principaux entre 16 et 21,50 £.

THE LIGHTERMAN
Brasserie
77 Plan C1

C'est le genre de bar-restaurant dans lequel on pénètre, appelé par les vastes terrasses et les baies vitrées qui promettent un lunch avec vue sur le canal. Bonne surprise : tant la déco que la carte variée et les savoureuses assiettes qui se posent sur les tables sont à la hauteur du cadre. Le tout à prix doux. Rare, mais vrai.
3 Granary Square
• M° King's Cross St Pancras
• ☎ 0203 846 34 00
• http://thelighterman.co.uk
• T.l.j. 9h-23h30 (ven.-sam. minuit)
• Flatbread à partir de 9,50 £.

VOIR AUSSI :

Skip Garden Kitchen | p. 103
| 78 Plan C1

Camden & ses canaux (Quartier 19 – p. 108)

THE BASEMENT TEA ROOMS
Café ⑦ Plan B1

our découvrir cette pépite, uivez bien les instructions. ommencez par trouver l'entrée es Stables, cette portion du narché installée dans d'anciennes curies. Descendez au sous-sol, uis dénichez l'emplacement 49. Entre les jolis robes et ccessoires de cette boutique intage trônent des tables et anapés. Parfait pour un copieux *ea for two* à seulement 12,50 £, ne pause-café ou un snack.
tables Market (emplacement 449-451) hark Farm Road • M° Chark Farm u Camden Town • ☎ 07 405 333 105 T.l.j. 12h-18h.

NAMAASTE KITCHEN
ndien ⑧ Plan B1

ne cuisine indienne moderne t joliment présentée. Laissez-ous tenter par les viandes cuites ans le four tandoor et, comble u luxe, le *korma* à la pistache, némorable... Le secret ? Les narinades, joliment assaisonnées 'épices sans enflammer le alais. Attention, les plats sont opieux ! Une autre adresse sur loomsbury, pas très loin du British useum, Salaam Namaaste.
4 Parkway • M° Camden Town • ☎ 0207 485 59 77 • www. amaastekitchen.co.uk • Lun.-sam. 12h-

23h30, dim. 12h-23h • Plats de 11,95 à 22,95 £, *korma* à la pistache à 12,95 £, grill de 11,95 à 17,95 £.

CHIN CHIN LABS
Glaciers ⑧ Plan B1

Bienvenue dans le futur : dans ce minuscule labo, les crèmes sont réfrigérées devant vos yeux grâce au nitrogène liquide... Sortez vos caméras et filmez ! Les parfums changent chaque semaine et s'offrent toujours une recette originale (fève tonka, sésame noir, etc.) à essayer aussi, le *brown-wich* et le *cookie-wich* (5,45 £), une boule de glace entre deux brownies ou cookies.
49-50 Camden Lock Pl. • M° Camden Town • ☎ 0788 560 42 84 • www.chinchinlabs.com • T.l.j. 12h-19h.

PRIMROSE BAKERY
Cupcake ⑧ Plan B1

Cette pâtisserie du très chic quartier Primrose Hill se voue avec passion à l'une des institutions gastronomiques anglaises : le cupcake ! Selfridges et Fortnum & Mason s'approvisionnent ici. Au chocolat, à la vanille ou au citron pour les classiques, goûtez ceux à la violette, au gingembre, à la guimauve ou à la rose... pour changer !
69 Gloucester Ave • M° Camden Town • ☎ 0207 483 42 22 • www.primrose-bakery.co.uk

• Lun.-sam. 8h30-18h, dim. 9h30-18h
• Cupcake de 1,40 à 3,50 £.

MASALA ZONE
Indien ⑧³ Plan B1

Derrière cette chaîne populaire et bon marché se cache Camellia Panjabi, la créatrice du célèbre Chutney Mary. Ne comptez pas sur elle pour offrir un succédané de cuisine indienne : la carte est une plongée dans la cuisine régionale indienne, la vraie, celle où le curry est une sauce, et non pas le plat de viande de la version anglaise. Pour vous faire une idée, optez donc pour un *thali* (env. 15 £), un repas complet typiquement indien composé de riz, de lentilles, de curry, de légumes, de *raita* (yaourt), de *papadum,* de chutney et de *chapatti* (pain indien).
25 Parkway • M° Camden Town
• ☎ 0207 267 44 22

• www.masalazone.com
• Lun.-ven. 12h30-15h et 17h30-23h, sam. 12h30-23h, dim. 12h30-22h30.

HACHÉ
Burgers ⑧⁴ Plan B1

Les burgers se dégustent avec des couverts dans ce petit restaurant chaleureux, égayé de bougies et de fleurs, bien loin des fast-foods impersonnels que l'on peut trouver un peu partout dans la ville. Au bœuf, au poulet, au poisson et même au camembert, espagnol, tahitien ou mexicain, ces burgers maison servis dans du pain *ciabatta* sont tout simplement succulents. L'enseigne possède d'autres adresses dans la ville.
24 Inverness St. • M° Camden Town
• ☎ 0207 485 91 00 • www. hacheburgers.com • Lun.-jeu. 11h30-22h30 (23h ven.), sam. 9h30-23h, dim 9h30-22h • Burgers de 8,50 à 12,95 £.

Hampstead (Quartier 20 - p. 110)

THE BULL & LAST
Gastropub ⑧⁵ Plan p. 110

Ce gastropub, avec ses têtes de bœuf et de buffle suspendues en trophées de chasse, son bar et ses chandeliers en bois d'élan, est l'un des meilleurs de Londres. La cuisine est typiquement anglaise pour les plats de viande et de poisson, mais les ingrédients sont majoritairement français et italiens.
168 Highgate Rd • M° Tufnell Park
• ☎ 0207 267 36 41

• www.thebullandlast.co.uk
• **Bar :** t.l.j. 12h-23h (minuit ven.-sam., 22h30 dim.) • **Restaurant :** lun.-ven. 12h-15h et 18h30-22h, sam. 12h30-16h et 18h30-22h, dim. 12h30-16h et 18h45-21h ; *breakfast* sam.-dim. 9h-11h
• Plats de 15 à 42,50 £.

GINGER & WHITE
Café ⑧⁶ Plan p. 110

Soyez prévenu : une fois installé dans le sofa en cuir devant votre brunch ou une généreuse part de

Notre sélection
SUR LE POUCE

Il y a tant de choses à voir dans cette ville, on comprend que vous ayez envie d'une pause lunch rapide. Voici notre sélection d'adresses saines et gourmandes, pour manger vite, et surtout bien !

Boki

IRIS & JUNE

Le résultat du travail de producteurs attentifs, travaillé dans des assiettes d'une grande fraîcheur. Voir p. 32.

BOKI

Les grands classiques du brunch revisités et servis toute la journée. Voir p. 134.

THE LIGHTERMAN

Délicieux *flatbread*, avec vue sur le canal (à seulement quelques minutes de la gare de St Pancras). Voir p. 148.

gâteau, vous n'aurez plus envie de partir ! Une de ces adresses un peu « *Friends* » avec une pincée d'inspiration australienne et une atmosphère relax où on aime laisser le temps filer, en regardant passer les gens du quartier...
4-5b Perrins Court
M° Hampstead • ☎ 0207 431 90 98
www.gingerandwhite.com • Lun.-ven. 8h30-17h30, sam.-dim. 8h30-17h30

• Petit déj. de 6,60 à 9,95 £, plats (midi) de 8,50 à 10,50 £, desserts et gâteaux 5 £, muffins de 2,90 à 5 £.

VILLA BIANCA
Italien   ㉘ Plan p. 110

Derrière une jolie façade blanche qui disparaît sous la végétation se cache un très bon restaurant italien fréquenté par les acteurs et

footballeurs italiens célèbres. Une véritable institution à Hampstead ! On y apprécie une cuisine classique, fraîche et soignée.
1 Perrins Court • M° Hampstead • ☎ 0207 435 31 31 • www.villabiancagroup.com • Lun.-ven. 12h-14h30 et 18h30-23h30, sam. 12h30-23h30, dim. 12h30-22h30 • Parpadelles aux cèpes et beurre de truffe 19 £, menu midi (lun.-ven.) 20 £.

THE FLASK
Anglais Plan p. 110

Au bout de cette jolie rue piétonne bordée de boutiques, ce vieux pub victorien séduit avec ses cloisons de verre peint par l'artiste Jan Van Beers, sa sélection de bières authentiques (de 3,30 à 4,50 £) et son ambiance feutrée. Du *fish & chips* au rôti du dimanche *(Sunday roast,* 17 £), la cuisine maison est préparée à la demande.
14 Flask Walk • M° Hampstead • ☎ 0207 435 45 80 • www.theflaskhampstead.co.uk • Lun.-jeu. 11h-23h, ven.-sam. 11h-minuit, dim. 12h-22h30 (cuisine ouverte t.l.j. jusqu'à 22h, sf dim. 21h).

VOIR AUSSI :
Louis Pâtisserie | p. 113
 Plan p. 110

Canary Wharf (Quartier 21- p. 114)

THE SIPPING ROOM
Bistrot Plan p. 114

Voilà un restaurant dans lequel on a rarement envie de rentrer. Non pas que la carte ne soit pas plaisante, au contraire, le menu brasse large et bien, entre une longue liste de burgers, de belles assiettes de poisson et des propositions végétariennes. Ce qui nous retient dehors, c'est la merveilleuse terrasse au bord du canal qui, quand la saison est trop fraîche, se couvre de petits igloos transparents et chauffés. Délicieux également à l'heure de l'apéro grâce à ses propositions de cocktails.
16 Hertsmere Rd, West India Quay • M° Canary Wharf • ☎ 0203 907 03 20 • www.drakeandmorgan.co.uk/the-sipping-room • Lun.-mer. 10h-minuit, jeu.-ven. 10h-1h, sam. 9h-1h, dim. 10h-23h (dernière commande 22h).

THE GUN
Gastropub Plan p. 114

L'amiral Nelson fréquentait le Gun au début des années 1800. Mais la popularité du pub n'a pas grand-chose à voir avec le héros de Trafalgar ; plutôt avec son excellent restaurant (filet de cabillaud aux dattes confites à 20-26 £) et avec sa terrasse ensoleillée au bord de la Tamise, idéale pour un Pimm's bien frappé (9,50 £).
27 Coldharbour • M° Canary Wharf • ☎ 0207 515 52 22

• www.thegundocklands.com
• **Pub :** lun.-sam. 11h30-minuit, dim.
11h30-23h • **Restaurant :** lun.-ven. 12h-
15h et 18h-22h, sam. 12h-16h et 18h-
22h, dim. 12h-19h30.

BIG EASY
Américain   ⑨② Plan p. 114

Au sommet de l'un des
bâtiments futuristes de la
station Canary Wharf s'étend cet
immense restaurant de grillades

à l'américaine qui hésite entre
le décor industriel et l'ambiance
saloon. Les cols blancs des bureaux
environnants viennent y manger,
avec les doigts, un express lunch
à 10 £ (2 plats + boisson). Au
fond, jolie terrasse surplombant
l'eau, avec une partie de la skyline
de Londres en arrière-plan.
Crossrail Place, niveau 1
• M° Canary Wharf • ☎ 0203 841 8844
• www.bigeasy.co.uk • Lun.-sam. 11h30-
23h30, dim. 11h-22h30.

Greenwich (Quartier 22 – p. 116)

BUENOS AIRES CAFÉ
Argentin   ⑨③ Plan p. 116

Venez déguster un steak tendre
à souhait ou grignoter quelques
empanadas pour vous plonger dans
l'ambiance de ce restaurant latino.
Arrosez le tout d'un délicieux vin
argentin ! Excellentes pizzas.

15 Nelson Road • ☎ 0208 858 91 72
• www.buenosairescafe.co.uk • Lun.-jeu
10h-16h et 17h-22h, ven.-dim. 9h30-
22h30 • Plats de 9,50 à 32,95 £.

VOIR AUSSI :

Goddard's | p. 118
| ⑨④ Plan p. 116.

The Flask

Bars, clubs & sorties

PAR QUARTIER

Les coups de cœur
DE NOTRE AUTEUR

2020

Fidèle à sa réputation, la vie nocturne londonienne se renouvelle sans cesse. Théâtre du West End, club de jazz culte, boîte rock, bar à cocktails, etc., les lieux de sortie sont innombrables et extrêmement variés. Céline vous aide à vous y retrouver grâce à sa sélection coup de cœur.

BŌKAN

Un panorama époustouflant qui m'a fait voir Londres différemment.
Voir p. 181.

LITTLE BIRD

Dans une charmante allée, des cocktails à base de gin à prix doux.
Voir p. 173.

Dinerama

Little Bird

DINERAMA

Un *food court* festif dans un East End en pleine métamorphose.
Voir p. 170.

THE CRAFT BEER CO.

Une opportunité de découvrir le travail de plusieurs brasseries artisanales anglaises. Voir p. 167.

CLARETTE

Crus de Château Margaux au verre, derrière une façade de pub traditionnel. Voir p. 160.

À SAVOIR

OÙ SORTIR ?

À **Soho,** bien sûr ! Le quartier des *musicals* propose aussi la plus grande concentration de bars et de restaurants de la planète. Le week-end venu, c'est de la pure folie ! Hoxton Square, Shoreditch, Clerkenwell, les quartiers branchés de l'**East End** ont eux aussi le vent en poupe. Les bars et restaurants d'**Upper St.,** dans le quartier d'Islington, sont également devenus le lieu des nuits festives à Londres. Et il y a encore, pour boire des verres, écouter de la musique ou sortir danser, **Camden Town** et **Notting Hill.**

S'INFORMER

Vous pouvez consulter le site de l'office de tourisme : **www.visitlondon. com.** Les petits budgets y trouveront notamment toutes les sorties gratuites dans la capitale. Rendez-vous sur le site **www.officiallondon.com** pour connaître le programme des représentations et réserver.

RÉSERVER UN SPECTACLE

Il serait dommage de ne pas profiter de l'éblouissante offre de pièces et **comédies musicales** *(musicals)* du West End. Pour acheter vos tickets, plusieurs options s'offrent à vous. Vous pouvez réserver avant votre départ, par téléphone, sur les sites des salles ou via des centrales de réservation ou encore les acheter directement au guichet à votre arrivée. Si vous visez les **tickets bradés** (sous réserve de disponibilité), rendez-vous au kiosque TKTS de Leicester Square (p. 55) et sur le site **www. westendtheatrebookings.com** ou vérifiez si le théâtre que vous convoitez vend lui-même des places le jour même (souvent moins chères encore et mieux placées). Les joueurs tenteront leur chance aux *loteries.* Il suffit de s'inscrire (en ligne ou sur place, en fonction des théâtres), les gagnants ont le privilège d'acheter des billets à prix réduit, pour des spectacles parfois complets.
Centrales de réservation :
www. ticketmaster.co.uk ;
www.ticketweb.co.uk ;
www.westendtheatrebookings.com.

SE REPÉRER

Chaque adresse de lieu de sortie est associée à une pastille violette numérotée. Vous retrouverez toutes les adresses positionnées sur le plan détachable.

Bars, clubs & sorties
PAR QUARTIER

Bar Rumba

THE COMEDY STORE
Spectacle ① Plan H8

Institution du comique anglais depuis 25 ans, vous pourrez venir y dîner ou boire une bière (5-5,50 £) et assister à un spectacle de bonne qualité. Évidemment, si vous ne parlez pas l'anglais, les intrigues vous sembleront peut-être un peu compliquées à suivre ! Mais allez-y pour l'ambiance.
1A Oxendon St. • M° Piccadilly Circus
• ☎ 0207 024 20 60
• www.thecomedystore.co.uk • Show :
lun.-jeu. et dim. à 19h30, ven.-sam. à 19h30 et 23h • De 12 à 23,50 £ la place
• Happy hour : mar.-dim. 18h-19h.

BAR RUMBA
Club ② Plan H7

Sur un fond d'acid jazz, de salsa ou de house, allez vous mêler à une foule de nightclubbers branchés qui s'y retrouvent pour danser. L'ambiance est au rendez-vous de bonne heure : idéal pour les couche-tôt.
36 Shaftesbury Ave • M° Piccadilly Circus • ☎ 0207 287 69 33
• www.barrumbadisco.co.uk
• Lun.-sam. 22h-3h, dim. 21h-3h
• Cocktails de 8,50 à 9 £, bière 5 £.

MARK'S BAR
Bar ③ Plan H7

C'est le plus glamour... Reflets argentés des shakers ou éclat des coupes de cristal, tout ici est un ravissement. Les cocktails vous embarquent pour les Antilles victoriennes ou le Londres des années 1920.
66-70 Brewer St. • M° Piccadilly Circus
• ☎ 0207 292 35 18 • www.marksbar. co.uk • Lun. 15h-22h30, mar.-jeu. 15h-23h30, ven. 15h-0h30, sam. 12h-0h30, dim. 12h-21h • Cocktails de 11,50 à 13,50 £.

Notre top
DES PUBS

Avec son ambiance chaleureuse et intemporelle, le pub est une sorte de melting-pot où les rencontres sont au rendez-vous. On s'y retrouve dans une atmosphère joyeuse, en semaine pour un *afterwork*, le soir entre amis ou le week-end en famille.

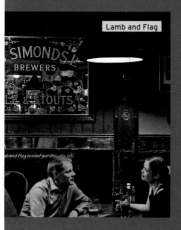

Lamb and Flag

THE THREE KINGS

Trois rois, Henri VIII, King Kong et Elvis, vous accueillent. Voir p. 169

GEORGE INN

Ou le pub classé monument historique. Voir p. 174

THE FOX & ANCHOR

L'ambiance de ce pub motive pour le reste de la nuit. Voir p. 170.

George Inn

YE OLDE CHESHIRE CHEESE

Depuis 1666, il survit aux intempéries de l'Histoire. Voir p. 168.

LAMB AND FLAG

Comme Charles Dickens, vous prendrez vite vos aises au Lamb and Flag. Voir p. 166.

Mayfair & Oxford Street (Quartier 3 - p. 40)

THE SOCIAL
Bar   ④ Plan G6

Derrière cette façade très discrète se cache l'un des meilleurs bars à DJ de la ville, fondé par le label Heavenly Recordings en 1999. Dans un décor industriel s'agglutine une clientèle issue du monde de la culture et des médias, des jeunes créateurs et des rockers débraillés qui, après avoir siroté un verre, se rue au sous-sol où des DJ à la pointe diffusent les nouveaux sons encore confidentiels qui envahiront sous peu la capitale.
5 Little Portland St. • M° Oxford Circus • ☎ 0207 636 49 92
• www.thesocial.com • Lun.-mer. 15h30-minuit, jeu. 15h30-1h, ven. 12h30-1h, sam. 18h-1h • Accès libre • Cocktails à 9,50 £, bières de 2,60 à 7 £.

HUSH
Bar   ⑤ Plan G7

C'est l'un des endroits les plus hype de la capitale. Le patron n'est autre que le fils de Roger Moore, et on y croise souvent des personnalités. Si les plats du restaurant ne sont pas extraordinaires, le Hush est un endroit sympathique pour boire un verre en soirée. Dans une allée pavée, à l'abri des regards, cet établissement sur deux étages avec terrasse offre une déco cosy.
8 Lancashire Court, Brook St.
• M° Bond St. • ☎ 0207 659 15 00
• www.hush.co.uk • Lun.-sam. 11h30-minuit • Cocktails de 12 à 16 £.

VOIR AUSSI :

Mr Fogg's | p. 43
| ⑥ Plan G8

Marylebone et Regent's Park (Quartier 4 - p. 44)

WIGMORE HALL
Classique   ⑦ Plan B3

Le Wigmore Hall est, avec le Southbank Centre (p. 90), le lieu incontournable de la musique classique à Londres. La salle, réputée pour son acoustique, accueille surtout des récitals de piano et de chant, mais aussi de la musique de chambre. Des concerts de haut niveau à des prix abordables (de 14 à 35 £ env.).

36 Wigmore St. • M° Bond St.
• ☎ 0207 935 21 41 (billetterie)
• www.wigmore-hall.org.uk

PURL
Cocktails   ⑧ Plan B3

Purl a le goût de l'artifice, des verres qui arrivent à table avec un ballon gonflé à l'hélium et des contenants décalés. Effet garanti, d'autant plus que les saveurs suivent. Quand le Mr Hyde, un *old-*

Cahoots

fashioned revisité, est par exemple servi dans une bouteille remplie de fumée, on profite réellement des notes boisées au niveau du palais. La carte change tous les six mois. En hiver, testez la préparation qui donna son nom à l'établissement : il s'agit d'une sorte de vin chaud traditionnel et très amélioré (13 £). Musique live certains mercredis.
50-54 Blandford St.
• M° Bond Street ou Baker Street
• ☎ 0207 935 08 35
• www.purl-london.com • Lun.-jeu. 17h-23h30, ven.-sam. 17h-minuit
• Cocktails de 12 à 13 £.

CLARETTE
Bar à vins ⑨ Plan B3

Derrière cette façade à colombages fleurie de pub traditionnel se cache un chaleureux bar à vins et derrière ce bar à vins se cache un grand nom du vignoble français : Château Margaux. C'est Alexandra Petit-Mentzelopoulos, la fille de l'actuelle propriétaire du domaine bordelais, qui a ouvert cette adresse. L'occasion de découvrir l'un des précieux crus, au verre, ou de puiser dans la carte ouverte aux vins du Nouveau Monde. Pour accompagner les flacons, un choix de petites portions pour gourmets dans la partie bar, et un restaurant à l'étage.
44 Blandford St. • M° Bond Street ou Baker Street • ☎ 0203 019 77 50
• www.clarettelondon.com
• Lun. 17h-23h30, mar.-sam. 12h-23h30, dim. 12h-19h
• Verre de vin à partir de 7 £, première bouteille à partir de 40 £.

Soho & Carnaby Street (Quartier 5 - p. 48)

CAHOOTS
Cocktails ⑩ Plan G7

Une fois dans Kingly Court, on se sent comme de nouveaux élèves de Poudlard, guettant la voie magique de King's Cross. Il n'y a pourtant ici rien de sorcier, il suffit de trouver le panneau qui indique « To the Train » pour commencer le voyage. Installez-vous dans les wagons de ce train particulier, ils vous transporteront dans un Londres d'après-guerre qui cherche le réenchantement dans la musique et les soirées clandestines.
3 Kingly Court • M° Oxford Circus ou Piccadilly Circus • ☎ 0207 352 62 00 www.cahoots-london.com • Lun.-mer. 17h-1h, jeu. 16h-2h, ven. 16h-3h, sam. 13h-3h, dim. 15h-minuit.

100 WARDOUR CLUB
Speakeasy ⑪ Plan H7

Sex Pistols, David Bowie, Jimi Hendrix... Gravés sur le mur du club, les noms de nombreux géants du rock rappellent l'histoire du lieu. Autrefois nommé « The Marquee », il avait le flair absolu pour mettre les plus grands sur sa scène, avant que le grand public ne s'en empare. Les concerts ont lieu six jours par semaine (piano acoustique le lundi, jazz le mardi, soul & motown le mercredi, 90's le jeudi et soul, funk, pop & dance les vendredi et samedi). On y assiste attablé, avant de se déhancher lors des DJ sets.

100 Wardour St. • M° Tottenham Court Road ou Leicester Square
• ☎ 0207 7314 40 00
• www.100wardourst.com
• Mar.-mer. 18h-2h, jeu.-sam. 18h-3h.

RONNIE SCOTT'S
Jazz club ⑫ Plan H7

Les amateurs de jazz ne manqueront pas de faire étape dans cette célèbre et mythique maison londonienne, qui a vu défiler les plus grands noms du jazz depuis sa fondation en 1959. Deux sessions ont lieu tous les soirs et il vaut mieux réserver une table, car les lieux sont très courus.
47 Frith St. • M° Leicester Square
• ☎ 0207 439 07 47
• www.ronniescotts.co.uk
• Lun.-sam. 18h-3h, dim. 18h30-minuit
• Tarifs variable selon les concerts
• Cocktails de 11 à 13 £.

BRADLEY'S SPANISH BAR
Pub ⑬ Plan H6

Quittez la foule d'Oxford St. et réfugiez-vous dans ce pub typique. Les patrons sont sympathiques et créent une ambiance familiale des plus agréables. L'espace est assez réduit, mais il offre des petits recoins intimes.
42-44 Hanway St. • M° Tottenham Court Rd • ☎ 0207 636 03 59 • Lun.-jeu. 12h-23h15, ven.-sam. 12h-minuit, dim. 15h-22h30 • Pintes de 5,10 à 5,60 £.

BAR TERMINI
Bar ⑭ Plan H7

La *dolce vita* façon Soho. On y vient rêver de Venise et refaire le monde en sirotant un cocktail (10,50 £), un martini au marsala, par exemple. Les negroni maison (dont un infusé aux pétales de rose, un autre au poivre rose) sont les meilleurs de Londres (7 £) ! À accompagner d'une assiette de fromages italiens (8,50 £).
7 Old Compton St.
• M° Leicester Square • ☎ 0786 094 50 18 • www.bar-termini.com
• Lun.-jeu. 10h-23h30, ven.-sam. 10h-1h, dim. 11h-22h30.

THE 100 CLUB
Jazz club ⑯ Plan H6

Une bonne adresse pour écouter du jazz traditionnel, surtout extravagant le vendredi soir, à mesure que les clients et les jazzmen écoulent des litres de bière. Évidemment, on est bien loin du temps où les Sex Pistols y faisaient leurs premiers pas sur scène...
100 Oxford St. • M° Tottenham Court R●
• ☎ 0207 636 09 33
• www.the100club.co.uk • T.l.j. 19h30-23h • Consulter le site pour la programmation
• Entrée à partir de 5 £.

Bar Termini

THE FRENCH HOUSE
Pub (17) Plan H7

e pub était un endroit apprécié
es Français pendant la Seconde
·uerre mondiale. Ne vous laissez
as impressionner par la foule
ui s'y presse. Les clients ont
ris l'habitude de boire leur
ière debout sur le trottoir.
**9 Dean St. • M° Leicester Square ou
iccadilly • ☎ 0207 437 27 99**
• www.frenchhousesoho.com
• Lun.-sam. 12h-23h, dim. 12h-22h30
• Verre de vin de 3,90 à 6 £.

THE TWO FLOORS
Pub (18) Plan G7

oincé entre deux ruelles de Soho
t fréquenté par les habitués
u quartier, ce pub semble
voir pour devise « simplicité et
iscrétion » : des murs verts, un
arquet blond sans âge, quelques
ofas de cuir élimé, pas ou peu

de décoration sinon quelques
globes d'opaline Art déco et
six bières à la pompe (4,80-6 £
la pinte)... On y vient surtout
après une journée de travail ou
avant un club pour siroter les
cocktails maison (7,50-9,50 £).
**3 Kingly St. • M° Oxford Circus
ou Piccadilly Circus**
• ☎ 0207 439 10 07
• www.twofloors.com
• Lun.-jeu. 12h-23h30, ven.-sam.
12h-minuit, dim. 12h-22h30.

BAR ITALIA
Café (19) Plan H7

Il faut aller à cette adresse en
sortant d'un club, vers 2h ou
3h. C'est ici que se retrouvent
les fêtards, car c'est le seul
café ouvert presque 24h/24.
22 Frith St. • M° Leicester Square
• ☎ 0207 437 45 20
• www.baritaliasoho.co.uk
• Lun.-mer. 7h-3h30, jeu.-dim. 7h-5h.

THE SHERLOCK HOLMES
Pub (20) Plan I8

·utre les bières (env. 4,80 £), ce
ub rassemble une collection de
·ouvenirs liés au grand détective,
t vous pourrez aller vous recueillir
ans le bureau reconstitué
e Sir Arthur Conan Doyle au
·r étage. L'auteur le fréquentait
t le cite même sous son ancien
·om, The Northumberland Arms,
ans *Le Chien des Baskerville*.

10 Northumberland St.
• M° Embankment
• ☎ 0207 930 26 44 • www.
sherlockholmes-stjames.co.uk
• Dim.-jeu. 11h-23h, ven.-sam. 11h-minuit.

ENGLISH NATIONAL OPERA
Opéra (21) Plan I8

La Bohème chantée en anglais,
au début, ça peut surprendre...
mais c'est le credo de l'English

Nos meilleurs
CLUBS

Londres aime faire la fête et danser. Entre rock, électro pointu ou hits du moment, chacun trouvera son style !

XOYO

Avis aux fans d'électro et aux danseurs infatigables. Voir p. 172.

THE ELECTRIC BALLROOM

L'un des derniers clubs mythiques de Londres créé dans les années 1930. Voir p. 179.

100 WARDOUR CLUB

DJ sets assez grand public dans le bâtiment du légendaire Marquee Club. Voir p. 161.

MINISTRY OF SOUND

Le célèbre club londonien présente les DJ du moment. Voir p. 181.

XOYO

National Opera de présenter tous les opéras du répertoire mondial dans la langue de Marlowe (l'autre dramaturge élisabéthain dont on ne parle jamais) ! On vous le conseille d'autant plus que les mises en scène dépoussièrent le genre.
London Coliseum, 33-35 Saint Martin's Lane • Mº Leicester Square
• ☎ 0207 845 93 00
• www.eno.org

CORK AND BOTTLE
Bar à vins   22 Plan H-I7

C'est l'une des meilleures adresses
de bar à vins de la ville, et un coin
idéal pour se remettre de son
shopping dans l'une de ses
petites alcôves tranquilles.
Pourquoi ne pas tenter un
verre de vin australien ou sud-
africain (à partir de 6,50 £) ?
4-46 Cranbourn St.
M° Leicester Square
☎ 0207 734 78 07
www.thecorkandbottle.co.uk
Lun.-sam. 11h-minuit,
dim. 12h-23h.

OPIUM
Speakeasy   23 Plan H7

Son nom rappelle l'époque où
des reportages aguicheurs
fantasmaient une accumulation
de fumeries d'opium dans
Chinatown. Comme pour pénétrer
dans un tripot, il faut montrer
patte blanche à l'armoire à glace
qui garde l'entrée avant de gravir
les étages jusqu'à une discrète
porte. Derrière, musique et
cocktails coulent à flot.
La carte fait d'autres clins d'œil
au quartier en s'inspirant de
l'horoscope chinois (cocktails
8-16 £) et en accompagnant
les breuvages de *dim sum*.
6-16, Gerrard St.
M° Leicester Square
☎ 0207 734 72 76
http://opiumchinatown.com
Lun.-mar. 17h-1h, mer. 17h-2h,
ju.-sam. 17h-3h, dim. 17h-minuit.

Opium

THE HIPPODROME
Casino   24 Plan H-I7

Envie de jouer les James Bond ?
Ce beau casino en plein Londres
est ouvert à tous, flambeurs et
curieux, 24h/24. Vous pouvez
donc vous installer à l'un des
six bars, cocktail en main, et
regarder les roulettes tourner
sans avoir à mettre un sou en jeu.
Une petite terrasse sur les toits
permet aux adeptes de fumer
cigare ou narguilé. Jetez aussi
un œil sur la programmation
– spectacles et concerts sont
régulièrement à l'affiche.
Cranbourn St. • M° Leicester Square
• ☎ 0207 769 88 88
• www.hippodromecasino.com
• T.l.j. 24h/24.

Covent Garden (Quartier 7 - p. 56)

FREUD
Bar   ㉕ Plan I7

Les nostalgiques de la tendance
yuppies des années 1980 se
sentiront très à l'aise dans ce
bar en sous-sol à la déco ciment
nu-métal de la plus grande
sobriété. Les autres aussi, pour son
ambiance très calme et sa clientèle
artistique et étudiante branchée.
**198 Shaftesbury Ave • M° Covent
Garden • ☎ 0207 240 99 33**
**• www.freud.eu • Lun.-mer. 12h-23h, jeu.
12h-minuit, ven.-sam. 12h-2h, dim. 12h-
22h30 • Cocktails de 7,60 à 9 £, bière
à partir de 3,50 £.**

LAMB AND FLAG
Pub   ㉖ Plan I7

Tout de bois, datant de 1627,
c'est l'une des rares maisons
ayant résisté au grand incendie

de 1666. Charles Dickens y
avait ses habitudes et on y a
pratiqué la boxe à mains nues.
**33 Rose St. • M° Covent Garden
• ☎ 0207 497 95 04
• www.lambandflagcoventgarden.co.uk
• T.l.j. 11h-23h
• Whisky de 3,75 à 4,90 £.**

THE PORTERHOUSE
Pub   ㉗ Plan I8

Ce pub irlandais affiche fièrement
ses « 12 niveaux ». N'imaginez
pas un haut immeuble, il s'agit
plutôt d'un enchevêtrement de
demi ou quart d'étages, arrosés
par différents bars. Résultat :
une charmante ambiance qui
mêle convivialité et espaces
assez intimistes. La bière servie
est celle de la maison, brassée
artisanalement à Dublin
(dès 5,10 £ la pinte ou à découvrir

ar plateaux dégustation de
bières, 5 £). Le Dingle Bar, au
remier étage, propose quant
lui 180 bouteilles de whiskies
enus du monde entier.

21-22 Maiden Lane • M° Covent Garden
• ☎ 0207 379 79 17
• www.porterhouse.london
• Lun.-jeu. 12h-23h, ven. 12h-23h30,
sam. 12h-minuit, dim. 12h-22h30.

Holborn & le British Museum (Quartier 8 – p. 60)

THE CRAFT BEER CO.
Bières artisanales ㉘ Plan I6-7

'Angleterre a également profité
e l'engouement pour les bières
rtisanales. Un duo d'amis a
écidé de mêler le meilleur de la
onvivialité du pub traditionnel
une éclairée (et très vaste)
élection de breuvages dans l'air du
emps. Les zythologues saisiront la
uance entre la *keg list* et la *cask
st*, renvoyant à deux méthodes
e conservation, les autres se
ontenteront d'apprécier la rangée
e tireuses capables de servir
5 bières et cidres différents à
a pression. La sélection change
uasiment quotidiennement, en

fonction des arrivages et des
humeurs. N'hésitez pas à demander
conseil au bar ; en cas d'hésitation,
on vous fera probablement goûter
un échantillon avant de vous
servir une pinte (dès 4,35 £).
**168 High Holborn • M° Tottenham Court
Road • ☎ 0207 240 04 31**
• www.thecraftbeerco.com
• Lun.-mer. et dim. 12h-minuit,
jeu.-sam. 12h-1h.

PRINCESS LOUISE
Pub ㉙ Plan I6

Aucune surprise côté bière... on
vient surtout ici s'imprégner du
décor victorien : verre gravé et
petits compartiments en bois

Concerts gratuits

Les églises de Londres offrent de nombreux concerts gratuits. Il y
a bien sûr les lunch-concerts de **St Martin in the Fields** (Trafalgar
Square, I8 • M° Trafalgar Square • ☎ 0207 766 11 00 • www.stmartin-
in-the-fields.org • Lun., mar. et ven. à 13h). **St James's Church** a elle
aussi ses concerts du déjeuner où vous pourrez écouter musique de
chambre et récitals de piano (197 Piccadilly, H8 • M° Piccadilly Circus
• ☎ 0207 734 45 11 • www.sjp.org.uk • Lun., mer. et ven. à 13h10). Les
lunch-concerts de la **Royal Opera House** (p. 58) sont l'occasion de
découvrir cette salle mythique sans bourse délier (lun. à 13h, résa en
ligne obligatoire sur www.roh.org.uk/recitals).

disposés autour du bar, qui trône au centre de la pièce. Un joli voyage dans le temps. Même les toilettes de gentlemen, en marbre, sont listées monuments historiques ! **208 High Holborn**
• M° Holborn • ☎ 0207 405 88 16
• http://princesslouisepub.co.uk
• Lun.-sam. 12h-23h, dim. 15h-21h.

YE OLDE CHESHIRE CHEESE
Pub   30 Plan D3

Ce pub a survécu au grand incendie de 1666, aux bombardements allemands de la Seconde Guerre mondiale et même au déménagement de la presse de la mythique Fleet St. C'est un vrai monument historique, avec sciure au sol et petits escaliers sombres. **145 Fleet St. • M° Blackfriars**

• ☎ 0207 353 61 70
• Lun.-sam. 12h-23h.

ROKA SHOCHU LOUNGE
Bar   31 Plan H6

La rencontre parfaite de l'Angleterre et du Japon : un bar ultra-tendance, une atmosphère digne d'un manga ou de *Matrix*, une fresque street art qu'on verrait bien en tatouage et des cocktails autour du *shochu*, la version asiatique de la vodka. Essayez-le donc infusé de poire et d'épices, avec quelques sushis *on the side*. **37 Charlotte St. • M° Tottenham Court Rd •** ☎ 207 580 64 64
• www.rokarestaurant.com/restaurant/shochu-lounge
• Lun.-sam. 17h30-23h30, dim. 17h30-22h30
• Cocktails de 8,90 à 9,60 £.

Saint Paul's Cathedral & la City (Quartier 9 – p. 66)

SWINGERS
Minigolf / bar   32 Plan E3

Oubliez tous vos préjugés sur le minigolf, renommé ici « crazy golf ». Chez Swingers, on évolue d'un trou à l'autre un cocktail à la main, accompagné par les choix musicaux du DJ. Entre chance du débutant, obstacles inventifs et balles récalcitrantes, la bonne humeur s'invite sur le green. Les parcours (9 trous) font partie d'un plus vaste complexe, accessible également aux non joueurs et

qui comprend plusieurs bars ainsi qu'un mini *food court*. **8 Brown's Buildings • Entre Bury St. et St Mary Axe •** ☎ 0203 846 32 22
• www.swingersldn.com • Lun.-mer. 12h-minuit, jeu.-ven. 12h-1h, sam.-dim. 10h30-minuit.

VERTIGO 42
Bar   33 Plan E3

Il fut, avant la construction du Shard, le haut bar du pays puisqu'il loge au 42ᵉ étage de la Natwest Tower. La vue magique sur la ville à

...uit tombante, le cadre chic et la
...te pétillante de champagnes
...font un lieu de rendez-vous

romantique idéal. Toutefois,
l'addition risque de vous donner le
vertige (à partir de 15 £ le cocktail).
Tower 42, 25 Old Broad St.
• M° Liverpool St. • ☎ 0207 877 78 42
• www.vertigo42.co.uk • Lun.-ven. 12h-
16h30 et 17h-23h, sam. 17h-23h
• Résa obligatoire.

THE JAMAICA WINE HOUSE
Café ㉞ Plan E3

C'est le premier *coffee house*
ouvert à Londres, en 1652. Il a un
peu perdu de son authenticité,
mais il demeure un lieu prisé
des traders pour déjeuner.
Saint Michael's Alley • M° Bank
• ☎ 0207 929 69 72
• www.jamaicawinehouse.co.uk • Lun.-
ven. 11h-23h • Bières de 3,20 à 4,50 £.

VOIR AUSSI:

Blackfriar Pub ▸ p. 69
㉟ Plan D3

Clerkenwell (Quartier 10 - p. 72)

...ADLER'S WELLS
...nse ㊱ Plan D2

...t le temple de la danse
...ondres, une institution
...défend autant la danse
...temporaine que le hip-
..., le tango et le flamenco.
... y voit aussi des ballets
...siques revus par des
...régraphes contemporains,
...mage du *Lac des cygnes* de

Matthew Bourne. Ne manquez
pas, chaque année en février, le
fabuleux festival de flamenco.
Rosebery Ave • M° Angel
• ☎ 0207 863 80 00
• www.sadlerswells.com

THE THREE KINGS
Pub ㊲ Plan D2

Avec Henri VIII, le King (Elvis!)
et King Kong en guise de

Rois mages, l'enseigne du Three Kings donne un avant-goût de l'ambiance de ce pub ouvert depuis 1740...
7 Clerkenwell Close • M° Farringdon • ☎ 0207 253 04 83 • Lun.-ven. 12h-23h, sam. 17h30-23h • Cocktails de 5 à 10 £.

THE FOX & ANCHOR
Pub ㊳ Plan D2

Aux aurores, c'est le rendez-vous des bouchers de Smithfield, puis, vers 17h, celui des juristes du quartier avant que les fêtards de Clerkenwell ne mettent l'ambiance jusqu'au soir.
115 Charterhouse St. • M° Barbican • ☎ 0207 250 13 00 • www.foxandanchor.com • Lun.-ven. 7h-23h, sam. 8h30-23h, dim. 11h-23h • Camden Lager 4,10 £.

JERUSALEM TAVERN
Pub ㊵ Plan D2

Avec ses fûts alignés, son plancher de bois brut et sa déco minimaliste, ce pub mythique retient beaucoup de cet esprit médiéval qui avait vu sortir de terre le prieuré de Saint-Jean-de-Jérusalem voisin en... 1140 ! Côté clientèle, juristes cravatés et designers branchés s'entendent parfaitement pour déguster bières (de 3 à 3,80 £ la pinte) et cidres du brasseur Saint Peter...
55 Britton St. • M° Farringdon • ☎ 0207 490 42 81 • www.stpeters brewery.co.uk • Lun.-ven. 12h-23h.

Spitalfields Market & l'East End (Quartier 11 - p. 76)

DINERAMA
Food court ㊶ Plan E2

Avec ses guirlandes lumineuses, ses mezzanines-terrasses et ses conteneurs aménagés, Dinerama a tout pour séduire une faune branchée et bohème. Un verre de vin italien chez Winerama, un cocktail de la House of Bambou ou plutôt un shot de whisky au German Sex Dungeon ? Il n'est même pas nécessaire de mettre tout le monde d'accord. Sur le principe du *food court*, chacun peut faire son choix parmi la dizaine de stands et récupérer l'objet de son désir directement au comptoir. Chaque samedi, c'est Late Night Tales DJ, et de nombreux événements (détaillés sur le site web) sont organisés les autres jours.
19 Great Eastern St. • M° Shoreditch High Street ou Old Street • www.streetfeast.com • Mer.-sam. 17h jusque tard • Entrée payante après 19h : 3 £.

DREAM BAGS JAGUAR SHOES
Pub ㊷ Plan E.

Pour le nom, c'est simple : il s'agit des deux boutiques de sacs et de chaussures installées ici dans les années 1980. Pour le reste,

Dinerama

est encore plus simple : des
urs de briques, des sofas un
eu miteux, une bonne sélection
e bières, de cocktails et de
ns, des pizzas au mètre (1 m et
saveurs différentes : 34 £, 50 cm
2 saveurs différentes 18 £),
e bande-son électro et pop
ointue et la faune arty grunge de
oreditch. Simple, mais efficace.
2-34 Kingsland Rd • M° Old St.
☎ 0207 683 09 12
www.jaguarshoes.com • Lun.-sam.
h-1h.

THE BIKE SHED
Bar   ㊸ Plan E2

cile à repérer, il y a souvent
e Harley ou deux juste devant.
tué sous les arches du chemin

de fer, c'est le plus ancien lieu
de rassemblement de bikers de
la capitale. Ne soyez pas timide,
tout le monde est bienvenu. Vous
y trouverez barbier (comme
à Paris, on soigne barbe et
moustache avec soin à Londres),
boutique, bar et restaurant.
Bonus, des concerts le jeudi soir.
384 Old St. • M° Old St.
• ☎ 0207 729 81 14
• http://thebikeshed.cc • Lun.-ven. 10h-
23h, sam. 9h-23h, dim. 9h-22h.

CALLOOH CALLAY
Bar   ㊹ Plan E2

Une institution dans le quartier.
Décor rétro, couleurs seventies,
cocktails d'enfer, mur entièrement
fait de cassettes... Le nom

Little Bird

fait référence à un poème de Lewis Carroll (si vous avez vu le film *Alice* de Tim Burton, vous l'avez entendu récité par Johnny Depp tout à la fin). Le petit secret des lieux ? Un bar caché, à l'étage. Appelez (ou e-mailez) et réservez une table au Jubjub. Une fois arrivé, on vous emmènera prendre un chemin mystérieux (qui passe à travers une armoire, façon *Narnia*) pour découvrir une pièce VIP.
65 Rivington St. • M° Old St.
• ☎ 0207 739 47 81 • www. calloohcallaybar.com • T.l.j. 18h-1h.

XOYO
Club
④⑤ Plan E2

Ce night-club réputé de l'East End est aussi l'une des meilleures salles de concerts de la capitale. De l'ancienne imprimerie, le club a conservé les poutres métalliques et le béton brut, voilà pour le décor. Côté musique, la programmation est pointue et éclectique, à l'image du quartier : électro-pop de Fujiya & Miyagi, dance, house. Surtout, XOYO accueille des DJ en résidence (Jackmaster, The 2 Bears...) qui pendant trois mois organisent des concerts très courus. Pour les fanas d'électro.
32-37 Cowper St. • M° Old St.
• ☎ 0207 608 28 78 • www.xoyo.co.uk
• Lun.-jeu. 20h-3h, ven.-sam. 21h30-4h

BETHNAL GREEN WORKING MEN'S CLUB
Club
④⑥ Plan F2

The place to be ! Cet ancien club pour ouvriers au décor seventies kitsch fait l'événement avec ses thés dansants des

nnées 1950, ses serveuses en
ollers, ses shows burlesques
on cabaret et ses soirées Circus
vec chapiteau dressé sur le
ancefloor. L'ambiance fun et
écontractée attire une foule
e plus en plus nombreuse qui
visiblement dévalisé la garde-
obe de ses grands-parents.

42-44 Pollard Row • Mº Bethnal
Green • ☎ 0207 739 71 70 • www.
workersplaytime.net • Jeu. 20h-23h45,
ven.-sam. 21h-2h • Entrée variable selon
les événements.

VOIR AUSSI :

The Ten Bells | p. 77
| ㊽ Plan E2

Tower Bridge et Tower of London (Quartier 12 - p. 80)

LITTLE BIRD
Gin   ㊾ Plan E4

rois amis se sont mis en tête
e distiller du gin, dans le tout
roche quartier de Peckham. Sous
e patronage de Miss Ginger, la
in-up qui orne les bouteilles, ils
nt lancé leur alcool artisanal ainsi
ue ce bar qui sublime ses notes
agrumes dans des cocktails (entre

7 et 8 £) comme le Perfect G&T ou
le Lucky's Spritz, à la rhubarbe. Une
terrasse dépaysante est installée
dans l'allée où est organisé, chaque
week-end, le Malby Street Market.
Maltby St. Arch 48 Ropewalk
• Mº Bermondsey ou London Bridge
• ☎ 0203 030 50 15
• www.littlebirdgin.com
• Mar.-mer. 18h-23h, jeu.-sam. 10h-23h,
dim. 10h-16h.

The Bermondsey Beer Mile

Londres compte désormais des dizaines de micro-brasseries, une
série d'entre elles se sont installées dans les locaux situés sous la voie
ferrée dans le quartier de Bermondsey (plan E4). De quoi inspirer un
« Beer Mile » (qui fait plutôt 3 km). Il peut être entamé à proximité de
Tower Bridge Rd, à la **Southwark Brewing Company** (mar. 19h-22h ;
jeu.-ven. 17h-22h, sam. 11h-18h, dim. 11h-17h ; www.southwarkbrewing.
co.uk), et se poursuivre jusqu'à la **Fourpure Brewing Co.,** près de la
station South Bermondsey (22 Rotherhithe New Rd ; ven. 12h-21h,
sam. 11h-20h ; www.fourpure.com) en passant par **Anspach & Hobday**
(118 Druit St ; ven. 17h-21h30, sam. 10h30-18h30, dim. 12h30-17h ; www.
anspachandhobday.com) et de nombreuses autres micro-brasseries.
Pour suivre un cours de brassage, direction **Ubrew** (24, Old Jamaica
Rd, www.ubrew.cc).

Southwark & la Tate Modern (Quartier 13 – p. 86)

GEORGE INN
Pub ⑤⓪ Plan D-E4

Ce pub classé monument historique est la seule auberge de relais à galerie de Londres à avoir survécu. La cour pavée, les poutres de chêne et les fenêtres à croisillons vous replongent dans l'atmosphère du XVIIe s. L'endroit est célèbre pour avoir été fréquenté par Charles Dickens.
77 Borough High St. • M° London Bridge
• ☎ 0207 407 20 56
• www.george-southwark.co.uk
• Lun.-sam. 11h-23h, dim. 12h-22h30.

South Bank & le London Eye (Quartier 14 – p. 90)

LYANESS
Cocktails ⑤① Plan D3

Derrière cette institution au bord de la Tamise se cache Ryan Chetiyawardana. Nommé meilleur barman au monde en 2015, il déploie tout son savoir-faire au rez-de-chaussée de l'hôtel Sea Containers (ancien Mondrian), dans un décor mêlant Art déco et banquettes roses bonbon, signé Tom Dixon. Nul besoin d'attendre la tombée du jour pour apprécier ses éblouissants breuvages : le *wyld tea* avec cakes, sandwichs et quatre cocktails est servi de 12 à 17h (58 £).
20 Upper Ground (Sea Containers Hotel) • M° London Bridge • ☎ 0203 747 10 63 • www.seacontainerslondon.com • Lun.-mer. 16h-1h, jeu.-sam. 16h-2h, dim. 12h-0h30 • Cocktails dès 13 £.

SOUTHBANK CENTRE
Classique ⑤② Plan C3

Le complexe du Southbank Centre (voir p. 90) réunit trois scènes incontournables de la musique classique : le Royal Festival Hall, le Queen Elizabeth Hall et la Purcell Room. C'est aussi le lieu de résidence du London Philharmonic Orchestra et du célèbre l'Orchestra of the Age of Enlightenment, spécialisé dans le répertoire de la fin du XVIIIe s.
Belvedere Rd • M° Waterloo
• ☎ 0203 879 95 55 ou
☎ 0844 875 00 73
• www.southbankcentre.co.uk.

THE OLD VIC
Théâtre ⑤③ Plan D4

Judi Dench, Maggie Smith, Peter O'Toole, Laurence Olivier... les plus grands acteurs anglais ont joué sur cette scène. Le théâtre connaît toujours ses classiques, mais défend surtout un théâtre contemporain engagé.
103 The Cut • M° Waterloo
• ☎ 0844 871 76 28
• www.oldvictheatre.com
• Billets de 11 à 75 £.

Nos bars à cocktails
PRÉFÉRÉS

Londres peut briguer le titre de capitale européenne de la mixologie. Les barmans des établissements les plus réputés impressionnent par le niveau de détail apporté à chaque boisson. Goûtez la spécialité de la ville : l'espresso martini. Ce mélange de vodka, espresso glacé et sirop de café a été inventé à Soho, dans les années 1980 et continue de faire fureur. Autre tendance du moment dans la capitale : le negroni composé de gin, Campari et vermouth rouge.

CAHOOTS

La reconstitution d'un bar clandestin des années 1940. Voir p. 161.

BŌKAN

L'un des meilleurs cocktails avec vue, depuis l'excentré Canary Wharf. Voir p. 181.

Purl

OPIUM

Un *speakeasy* bien caché, en plein Chinatown. Voir p. 165.

PURL

Des mises en scène amusantes et des compositions renversantes. Voir p. 159.

Bōkan

Knightsbridge, près du V&A Museum (Quartier 15 - p. 92)

ROYAL ALBERT HALL
Classique   54 Plan A4

Albert, époux de la reine Victoria, avait rêvé d'un quartier dédié aux arts, musées gratuits à l'appui. S'il réussit à lever des fonds, il mourut avant de voir le projet achevé. Victoria prit le relais. Elle ouvre ainsi le Royal Albert Hall en 1871. Cette immense salle de concert de style Renaissance accueille aussi bien des opéras, des concerts que des évènements sportifs. Les plus attendus sont les *BBC proms* (www.bbc.co.uk/proms) chaque été, avec un programme de musique classique exceptionnel. Les visites guidées vous apprendront mille anecdotes amusantes sur les lieux. Profitez aussi des brunchs musicaux le dimanche !

Kensington Gore • ☎ 0845 401 50 19 ou ☎ 0207 589 82 12
• www.royalalberthall.com

NAG'S HEAD - KEVIN MORAN
Pub   55 Plan B4

C'est le pub le plus authentique de Londres, planté dans une ruelle aux airs de village. L'intérieur séduit par son décor au charme désuet avec des bibelots entassés et d'anciennes pompes à bière. Achetez aux patrons un vieux penny pour découvrir ce qui se cache dans cette curieuse machine accrochée au mur.
53 Kinnerton St. • M° Hyde Park Corner • ☎ 0207 235 11 35 • Lun.-sam. 11h-23h, dim. 11h-22h30.

Kensington & Notting Hill (Quartier 17 - p. 98)

PIANO KENSINGTON
Pub   56 Plan p. 98

Excellente atmosphère et ambiance électrique garanties dans cet élégant piano-bar de Kensington. Quand le patron, Bazz Norton, ne revisite pas lui-même les grands classiques, de Barbra Streisand à Frank Sinatra, de talentueux pianistes de jazz et chanteurs prennent le relais. On y dîne aussi d'une assiette de fromages pour 2 (9,50 £) ou de tapas accompagnées d'une bonne sélection de vins

(de 5,50 £ à 7,95 £ le verre).
106 Kensington High St. • M° High St. Kensington • ☎ 0207 938 46 64
• www.pianokensington.com
• Mar.-sam. 17h-minuit, dim. 18h-23h30
• Résa obligatoire.

NOTTING HILL ARTS CLUB
Club   57 Plan p. 98

Cet excellent club de Notting Hill cultive l'éclectisme avec ses soirées indie-punk Death Disco, ses Craft Night où l'assistance s'initie à l'artisanat, ses concerts alternatifs, ses expositions d'art, ses clashs musicaux entre bad boys asiatiques et new-yorkais (Bombay Bronx), ses fêtes avec ménestrels et troubadours, ou encore ses soirées YoYo branchées hip-hop et R'n'B. Et il ne s'agit là que d'un bref aperçu !

21 Notting Hill Gate • Mº Notting Hill Gate • ☎ 0207 460 44 59
• www.nottinghillartsclub.com
• Lun.-jeu. 19h-2h, ven. 18h-2h, sam. 16h-2h, dim. 18h-1h (horaires susceptibles de changer selon la programmation, consulter le site)
• Accès libre avant 20h, puis de 5 à 8 £
• Bières de 5 à 6,50 £ ; cocktails à 9,50 £.

DRINK, SHOP & DO
Café concept   ⑤⑧ Plan C2

Un lieu hybride, un peu café dans lequel on mange des pâtisseries, un peu espace DIY dans lequel on vient suivre des ateliers, un peu bar dans lequel on trinque jusqu'à tard dans la nuit ; ce refuge est un charmant OVNI, à la clientèle aussi multiple que son programme. On passe le seuil en souriant au « Come in, you are awesome » (Entrez, vous êtes formidable) qui est affiché sur la porte.
9 Caledonian Road • Mº King's Cross St Pancras • ☎ 0207 278 43 35
• www.drinkshopdo.co.uk
• Lun.-jeu. 10h30-minuit, ven. 10h30-2h, sam. 11h30-22h, dim. 10h30-18h.

GILBERT SCOTT BAR
Bar   ⑤⑨ Plan C2

L'architecte de l'hôtel St Pancras méritait bien qu'on lui élève un bar, à défaut d'une statue. Fenêtres trilobées, plafonds peints et mobilier Art déco... l'hommage a de la classe ! Et les cocktails tout autant (de 12,50 à 15,50 £).
St Pancras Renaissance Hotel, Euston Rd • Mº King's Cross St Pancras
• ☎ 0207 278 38 88
• www.thegilbertscott.com
• T.l.j. 11h30-22h
• Tapas de 4 à 26 £.

KING'S PLACE
Concerts   ⑥⓪ Plan C1

Ce bâtiment en verre entouré de canaux héberge l'une des dernières-nées des salles de concerts londoniennes. Les dernières technologies informatiques ont donné au Hall One une acoustique parfaite qui enchante les auditeurs. Au programme, de la musique de chambre, des récitals de piano, mais aussi du jazz et du folk.
90 York Way • Mº King's Cross St Pancras • ☎ 0207 520 14 90 (billetterie) • www.kingsplace.co.uk
• Billet à partir de 9,50 £ *(saver ticket)*.

Camden & ses canaux (Quartier 19 - p. 108)

THE DUBLIN CASTLE
Concerts **61** Plan B1

Amy Winehouse, Muse, Blur, The Killers, The Arctic Monkeys, Madness... la liste des noms de ceux qui sont passés sur cette scène a de quoi impressionner ceux qui se produisent aujourd'hui dans ce temple du rock. Chaque soir de concert (en dehors des soirées jam du mardi), quatre groupes sont à l'affiche. Ils sont suivis le week-end par des DJ sets. L'après-midi en semaine, possibilité de miser des tournées lors de parties de ping-pong !
94 Parkway • M° Camden Town
• ☎ 0207 485 17 73
• www.thedublincastle.com • Lun. 13h-minuit, mar. 12h-1h, mer.-jeu. 13h-2h, ven.-dim. 12h-2h • Concerts de 5 à 12 £.

THE CAMDEN ASSEMBLY
Concerts **62** Plan B1

Cette salle de concerts de Camden est on ne peut plus dans le vent et ne désemplit pas. Au programme, on peut entendre les stars pop rock de demain. Oasis, Franz Ferdinand et Coldplay y ont fait leurs débuts. Bref, la meilleure adresse pour voir briller avant l'heure les futures étoiles londoniennes et se régaler d'excellents burgers (7-11,50 £).
49 Chalk Farm Rd • M° Camden Town ou Chalk Farm • ☎ 0207 424 08 00
• www.camdenassembly.com
• Lun.-mer. 17h-1h, jeu. 17h-2h, ven. 17h-3h, sam. 12h-3h, dim. 12h-minuit

• Concert env. 8 £ • Bière à partir de 3,40 £, bouteille de vin à partir de 16 £.

JAZZ CAFÉ
Concerts **63** Plan B1

Dans sa déco bleutée un peu froide, d'excellents concerts et soirées pour un public entre deux âges. Jazz, funk, hip-hop, R'n'B au programme pour un moment décontracté. On y assiste aux meilleurs concerts de la capitale (prix variables selon les artistes, de 8 à 12 £).
5 Parkway • M° Camden Town
• ☎ 0207 485 68 34 • www. thejazzcafelondon.com • Certains ven. et sam. (consulter le site Internet).

BLUES KITCHEN
Concerts **64** Plan B1

De l'extérieur, cette adresse située au milieu de la High St. de Camden paraît toute calme. Elle s'enflamme pourtant tous les soirs au son de concerts de blues, avec toutefois une parenthèse rock'n'soul les vendredis et samedis soir. Le dimanche, n'hésitez pas à rejoindre la bande sur scène, musiciens et chanteurs de passage sont les bienvenus. Au menu ? Les meilleurs BBQ texans de la ville et une collection de 100 bourbons.
111-113 Camden high St.
• M° Camden Town • ☎ 0207 387 52 77
• www.theblueskitchen.com/camden
• Lun.-mar. 12h-minuit, mer.-jeu.

The Dublin Castle

2h-1h, ven. 12h-2h30, sam. 10h-3h, dim. 10h-1h.

THE ROUNDHOUSE
Concerts 65 Plan B1

À l'origine, on y stockait des locomotives, puis la contre-culture en a fait son fief dans les années 1960. Après un long abandon, la salle mythique de Camden a enfin rouvert ses portes. Avec une capacité de 200 personnes, le superbe auditorium circulaire accueille des concerts de rock, des spectacles de danse et de théâtre.
Chalk Farm Rd • M° Chalk Farm
☎ 0300 678 92 22 (billetterie)
www.roundhouse.org.uk • Bar
lun.-sam. 10h30-17h (23h30 soirs de concert) • Concerts de 8 à 35 £
Cocktails de 8,50 à 12 £.

THE ELECTRIC BALLROOM
Club 66 Plan B1

Le dernier club mythique de Londres et sûrement celui qui incarne le mieux l'esprit de Camden Town. Créé dans les années 1930, le club devient à la fin des 70's la salle rock de la capitale : Joy Division, B52's, The Clash and Wire, puis U2, Nick Cave, The Smiths, et plus tard Oasis font sa réputation. Quand en 2014 Prince fait une tournée surprise dans la capitale, c'est la salle de l'Electric Ballroom qu'il choisit !
184 Camden High St.
• M° Camden Town
• ☎ 0207 485 90 06
• www.electricballroom.co.uk
• T.l.j. 19h-3h selon la programmation.

Koko

KOKO
Club / concerts (67) Plan B1

C'est dans cet ancien théâtre du XIXᵉ s. qu'ont lieu quelques-uns des meilleurs concerts pop-rock de la capitale. The Clash, Madness ou encore Madonna sont passés par là. Cette salle mythique au fabuleux décor intérieur tout en rouge cerise fait l'objet d'une rénovation jusqu'en 2020.

1A Camden High St. • Mᵒ Mornington Crescent • ☎ 0207 388 32 22
• www.koko.uk.com
• Fermé jusqu'au printemps 2020
• Concerts de 5 à 25 £.

Hampstead (Quartier 20 - p. 110)

THE GALLERY
Pub (68) Plan p. 110

Murs de briques apparentes, fauteuils en cuir, étagères où s'alignent les vinyles, excellente sélection musicale... comment ne pas craquer pour ce pub moderne ? Le menu propose une bonne sélection de bières et pas moins de 101 whiskys. Bonus : des soirées jazz et blues sont régulièrement organisées.

190 Broadhurst Gardens
• Mᵒ Hampstead
• ☎ 0207 625 91 84
• www.ilovethegallery.com
• Lun.-mar. et dim. 12h-23h30, mer. 12h-minuit, jeu.-ven. 12h-0h30, sam. 11h-0h30.

Canary Wharf (Quartier 21 - p. 114)

BŌKAN
Cocktails Plan 114

Depuis ce bar situé au 38ᵉ étage et son toit-terrasse perché un étage plus haut, Londres se dévoile sous un nouveau jour. La concentration des buildings de la City, le Shard, la grande roue… prennent une autre dimension, derrière cette Tamise qui s'enroule entre Canary Wharf et le centre bouillonnant de la ville, dévoilant des plages et des docks. Magique en fin de journée, quand la lumière commence à décliner. La carte des cocktails (à partir de 11,50 £) est à la hauteur de la vue.

- 40 Marsh Wall • M°Canary Wharf
- ☎ 0203 530 05 50
- www.bokanlondon.co.uk
- T.l.j. 12h-minuit (1h jeu.-sam.).

En dehors des quartiers de visite

THE VORTEX JAZZ CLUB
Jazz club HP par E1

C'est là, dans la maison de la culture de Dalston, que se produit tous les soirs tout ce que le jazz contemporain compte de talents. Ce n'est pas le grand saxophoniste *free-jazz* Evan Parker qui vous dira le contraire, lui qui y joue tous les mois.

- 11 Gillett Square • M° Angel puis overground, arrêt Dalston Kingsland
- ☎ 0207 254 40 97
- www.vortexjazz.co.uk
- T.l.j. concert de 20h à minuit
- Prix selon programmation.

Bōkan

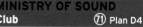

MINISTRY OF SOUND
Club Plan D4

Situé dans l'un des quartiers les moins attrayants de la ville, le Ministry of Sound est pourtant le club le plus célèbre de Londres. Des DJ renommés se partagent les soirées et proposent principalement de la house et du garage.

- 103 Gaunt St. • M° Elephant & Castle
- ☎ 0207 740 86 00
- www.ministryofsound.com
- Ven. 22h30-6h30, sam. 23h-6h
- Entrée de 12 à 24 £.

Boutiques

PAR QUARTIER

Les coups de cœur
DE NOTRE AUTEUR

2020

Céline a arpenté la ville, paradis du shopping, pour dénicher petites adresses cachées et boutiques originales. Entre mode, accessoires, idées-cadeaux et vintage, voici ses adresses préférées.

FORTNUM & MASON

Le lieu idéal pour faire des provisions de bons produits typiques, dans des écrins *so chic*. Voir p. 187.

BOXPARK

Décalé, ce centre commercial est composé d'un ensemble de conteneurs. J'y ai découvert de nombreuses jeunes marques locales. Voir p. 199.

BENJAMIN POLLOCK'S TOYSHOP

L'émerveillement est à une volée de marches de l'agitation de Covent Garden, dans cette petite boutique de jouets. Voir p. 194.

Postcard Tea

POSTCARD TEAS

La rencontre étonnante de deux de mes passions : les thés d'exception et l'envoi de cartes postales à mes proches. Voir p. 188.

HARRY POTTER SHOP

Faute de lettre d'admission à Poudlard, je me console devant les multiples produits aux couleurs de ma maison de cœur. Voir p. 209.

THOMAS FARTHING LTD

Derrière un chouette look 1920's se cache un retour aux beaux matériaux et au durable qui me plaît. Voir p. 196.

Boxpark

À SAVOIR

HORAIRES D'OUVERTURE

Les commerces ouvrent vers 9h pour l'alimentation, 10h pour l'habillement, la décoration ou le linge. En général, ils ferment vers 18h, à l'exception toutefois du jeudi où la plupart proposent des **nocturnes** (19h voire 21h). Les magasins ouvrent toute la journée, sans interruption. Le **dimanche,** la plupart des boutiques sont ouvertes, le plus souvent à partir de 12h ou 13h jusqu'à 17h30-18h. Les **marchés d'alimentation** sont en général ouverts le dimanche, assez tôt le matin et jusqu'à 13h environ.

QUARTIERS OÙ FAIRE DU SHOPPING

L'East End (quartier 11). Depuis quelques années, c'est autour du **Spitalfields Market** et dans les rues de **Shoreditch** que se pressent les *cool kids* pour un shopping en plein dans la tendance.

Camden (quartier 19). C'est le rendez-vous des adeptes de vintage et des tenues avec un grain de folie. Des marques locales émergentes tentent également de s'y faire une place.

Soho (quartier 5). À l'époque du punk, des mods ou du Swinging London, Soho a toujours su être à la pointe et continue d'influencer l'époque, dans une ambiance moins « contre-culture ».

Oxford Street (quartiers 3 à 5). C'est LA rue des enseignes de chaîne et des grands magasins, principalement de mode (voir p. 186). Sa petite sœur la perpendiculaire **Regent St.,** remplit plus ou moins les mêmes fonctions.

Mayfair (quartier 3). Dans **New Bond Street** et ses alentours se dressent les vitrines élégantes des boutiques très haut de gamme.

Knightsbridge (quartier 15). Quartier du luxe par excellence, il abrite l'incontournable **Harrods** ainsi que des maisons de haute-couture et des boutiques de décoration pour intérieurs très étudiés.

SE REPÉRER

Chaque adresse de boutique est associée à une pastille rouge numérotée. Vous retrouverez toutes les adresses positionnées sur le plan détachable.

Boutiques
PAR QUARTIER

Westminster, Big Ben & Buckingham Palace (Quartier 1 - p. 26)

BERRY BROS & RUDD
Caviste ① Plan B4

Berry Bros & Rudd n'est pas seulement le plus vieux caviste d'Angleterre, c'est aussi le plus riche et le plus éclectique. Vous y trouverez des pauillacs, des chiantis ou des riojas de haute volée, mais explorez plutôt les vins du sud-est de l'Angleterre, il y a de très belles surprises. Goûtez un rosé pétillant de Nyetimber (Sussex) ou un vin blanc Cortese (env. 12,95 £/btle), le blanc de blancs d'Ambiel, du Sussex également (env. 36 £/btle), et côté rouge, le pinot noir de Gusbourne Estate dans le Kent (de 22 à 26 £/btle).
63 Pall Mall St. • M° Green Park
• ☎ 0800 280 2440 • www.bbr.com
• Lun.-ven. 10h-21h, sam. 10h-17h.

Piccadilly Circus (Quartier 2 - p. 36)

OSPREY
Maroquinerie ② Plan H8

Spécialiste en maroquinerie britannique, sacs, trousses, ceintures... dans des teintes acidulées irrésistibles. Faufilez-vous au sous-sol. Le bâtiment, en fait une ancienne banque, abrite un café et des mini-salons là où se trouvaient autrefois les coffres-forts.
27 Regent St. • M° Piccadilly Circus
• ☎ 0207 851 99 60
• www.ospreylondon.com • Lun.-sam. 10h-19h, dim. et j. fériés 12h-17h.

PAXTON & WHITFIELD
Fromager ③ Plan H8

La boutique est ouverte depuis 1797. Tout en longueur, ses murs sont couverts de fromages du monde entier, mais aussi de quelques jambons et conserves. À découvrir, le plus vieux fromage anglais, l'Appleby's Cheshire, au lait cru de vache et à pâte dure (6,50 £ les 250 g).
93 Jermyn St. • M° Piccadilly Circus
• ☎ 0207 930 02 59
• www.paxtonandwhitfield.co.uk
• Lun.-sam. 10h-18h30, dim. 11h-17h
• De 21 à 46 £ le kg.

WHITTARD
Thés ④ Plan H8

Vous trouverez des enseignes Whittard dans toute la ville avec de beaux assortiments de thés, de tasses (dont une collection Alice au pays des merveilles) et de théières.

Shopping sur
OXFORD STREET

Longue de plus de 2 km, cette artère dédiée au shopping s'étend sur trois de nos quartiers (3 à 5). Les enseignes de *fast fashion* s'y succèdent, certaines grandes chaînes ont même décidé d'installer plusieurs boutiques dans cette immense rue vitrine. Voici quelques-uns des géants UK qui sont concentrés sur Oxford Street et que vous risquez de retrouver lors de vos déambulations dans d'autres parties de la ville. Les horaires varient sensiblement d'une enseigne à l'autre, mais vous pouvez tabler sur une ouverture de 9h30 à 20h (voire 21h) du lundi au samedi ainsi que le dimanche après-midi (jusque 18h).

Primark (n° 14-28 et 499-517). La marque irlandaise s'est concentrée sur les produits à très très petits prix. Vous y trouverez de la mode (femme, homme, enfants) ainsi qu'un peu de déco et de cosmétiques.

Debenhams (n° 334-348). De la robe de mariée aux appareils électroménagers, la boutique qui s'étend sur sept étages au cœur d'Oxford Street brasse large.

Marks & Spencer (n° 173 et 458). Réputée pour ses vêtements très *British*, c'est surtout une bonne enseigne pour faire le plein de gourmandises insulaires.

Topshop (n° 214). Avec ses modèles qui semblent sortis des derniers défilés et ses petits prix, Topshop séduit la faune fashion en quête de perpétuelle nouveauté. **Topman**, la déclinaison 100 % hommes, est également présente.

River Island (n° 207-213, 301-308 473). Encore peu connue en France cette énorme marque anglaise mise sur des lignes originales et des prix un peu supérieurs à ses concurrents bien connus comme H & M et Zara.

Selfriges (n° 498). Salons privés restaurants et services en tout genre firent la popularité de ce grand magasin, ouvert en 1906 Il promet aujourd'hui encore une expérience shopping « unique » grâce à des corners à la pointe de la tendance, mais aussi des services de livraison, de gravure pour personnaliser certains achats de retouche en 1h et même... un cabinet de voyance.

Et aussi : Oasis (n° 334-348) Monsoon (n° 498-500), Schuh (n° 200) et Whistles (n° 12-14 St Christopher's Place).

Fortnum & Mason

du même nom, est délicieux.
13 Lower Regent St. • M° Piccadilly Circus • ☎ 0207 930 80 13
• www.whittard.co.uk • Lun.-sam. 9h-19h, dim. 10h-20h.

FORTNUM & MASON
Épicerie fine ⑤ Plan G8

C'est l'adresse des gourmands londoniens depuis plus de 300 ans : toute l'épicerie fine anglaise y est rassemblée dans un décor très cosy. Et si vous avez envie de faire une pause, le salon de thé du 4e étage vous accueillera pour un en-cas reconstituant. En sortant, jetez un coup d'œil à l'horloge extérieure. À chaque heure pleine, Mr Fortnum vient saluer Mr Mason au son d'un carillon. Les cloches viennent d'ailleurs de la même fonderie londonienne que celles de Big Ben.
181 Piccadilly • M° Piccadilly Circus
• ☎ 0207 734 80 40
• www.fortnumandmason.com
• Lun.-mer. 10h-20h, jeu.-sam. 10h-21h.

Cette adresse propose aussi un bar à thé avec plus de 100 sélections à goûter ! En passant, le Red Velvet, inspiré du gâteau américain

---

Mayfair & Oxford Street (Quartier 3 - p. 40)

PAUL SMITH
Mode homme ⑥ Plan B3

Les collections pour homme des deux saisons précédentes sont proposées ici avec des rabais allant de 30 à 85 % ou plus. Les jeans commencent ainsi à 50 £, les pantalons à 67 £, et un costume peut coûter 300 £, soit la moitié du prix normal.
23 Avery Row • M° Bond St.

☎ 0207 493 12 87
• www.paulsmith.co.uk
• Lun.-sam. 10h30-19h, dim. 12h-18h.

REISS
Mode ⑦ Plan B3

La marque anglaise signée David Reiss est synonyme d'élégance, de modernité et de qualité. Le short (à partir de 75 £) se porte avec une cravate à pois, les foulards de soie se glissent sous les pulls (à partir de 95 £), les pulls dans les pantalons (à partir de 125 £), tandis que les cardigans fluides se marient au jean et que les vestes cintrées retournent leurs manches.

10 Barrett St. • M° Bond St.
• ☎ 0207 486 65 57 • www.reiss.com
• Lun-mer et sam. 10h-20h, jeu.-ven. 10h-21h, dim. 11h30-18h.

ANTHROPOLOGIE
Concept store ⑧ Plan G7

La boutique culte de Philadelphie est un tout-en-un chic où abondent les marques pointues : vêtements, chaussures, sacs, bijoux, livres et même de quoi redécorer son intérieur, du tapis de soie brodé au papier peint fleuri ! Côté look, c'est le bohème-chic de Vanessa Paradis : des chemises longues et bouffantes, des tops aux imprimés Navajo, léopard ou cachemire (env. 80 £), des boots un peu rock (130-160 £) ou des sandales carrément hippies pour l'été (58 £).

158 Regent St. • M° Oxford Circus
• ☎ 0207 529 98 00
• www.anthropologie.com
• Lun.-ven. 10h-20h, sam. 10h-19h, dim. 12h-18h.

JOHN LEWIS
Grand magasin ⑨ Plan G7

En 150 années d'existence, John Lewis est toujours aussi populaire. Ce grand magasin est très apprécié des Londoniens pour ses prix imbattables. Ce n'est pas pour son rayon mode, plutôt conservateur, que vous vous y arrêterez, mais pour son grand choix de tissus et d'articles pour la maison.

300 Oxford St. • M° Oxford Circus
• ☎ 0207 629 77 11
• www.johnlewis.com • Lun.-sam. 9h30-20h (21h lun. et jeu.), dim. 12h-18h.

POSTCARD TEAS
Thés ⑩ Plan G7

Cette boutique de thé a vraiment un truc en plus. Non seulement le propriétaire a choisi de ne présenter que des récoltes issues de petites plantations, mais il propose également des cartes postales des plus originales (d'où son nom). De fines boîtes en carton ornées de belles illustrations ont été spécialement dessinées pour pouvoir accueillir 50 g de thé, avec un espace de rédaction au dos, comme sur une véritable carte postale. Dès 8 £, envoyez vos vœux à infuser partout dans le monde. Possibilité de déguster sur place.

9 Dering St. • M° New Bond St.
• ☎ 0207 629 36 54
• www.postcardteas.com
• Lun.-sam. 11h-18h30.

& OTHER STORIES
Concept store ⑪ Plan G7

C'est le lifestyle store... signé H&M ! L'idée ? Créer son propre style, comme on invente son histoire, suivant la tendance ou sa libre imagination ! D'où

Postcard Teas

ces « stories », ces créations
thématiques réunissant robes,
tops (à partir de 20 £), chaussures,
bijoux, chapeaux, produits de
beauté (gloss à 12 £) que chacun
peut assembler à son goût pour
un look unique. Sans oublier
les collaborations avec des
designers comme Vika Gazinskaya,
Richard Braqo ou Rodarte.
256-258 Regent St.
• M° Oxford Circus • ☎ 0203 402 91 90
• www.stories.com • Lun.-sam. 10h-21h,
dim. 12h-18h.

BROWNS
Mode   ⑫ Plan B3

Browns occupe presque une
boutique sur deux dans cette rue
mettant en avant tous les grands
créateurs, de Jil Sander à Sarah
Burton. Les prix grimpent vite.
23-27 South Molton St.
• M° Bond St.
• ☎ 0207 514 00 16
• www.brownsfashion.com
• Lun.-mer. et sam. 10h-19h, jeu.-ven.
10h-20h, dim. 12h-18h.

Marylebone & Regent's Park (Quartier 4 – p. 44)

CADENHEAD'S WHISKY
SHOP AND TASTING ROOM
Whiskys   ⑬ Plan B3

Plus de 200 références différentes,
en provenance de toutes les

régions d'Écosse, mais aussi une
bonne sélection de whiskys venus
d'ailleurs. Single malt à partir de
35 £. Dégustation : 25-42 £.
26 Chiltern St. • M° Baker St.
• ☎ 0207 935 69 99

• www.whiskytastingroom.com
• Lun.-jeu. et sam. 10h30-18h30, ven. 11h-18h30.

LONDON BEATLES STORE
Beatlemania ⑭ Plan B2

Ce temple de la Beatlemania vous rappellera de vieux souvenirs. Dans un joyeux fouillis, tee-shirts, magazines, livres, cartes postales côtoient une foule d'objets kitsch à l'effigie des Beatles (dès 1 £). Plus intéressant, on y trouve des vinyles collectors et des autographes authentiques !
231 Baker St. • M° Baker St.
• ☎ 0207 935 44 64
• www.beatlesstorelondon.co.uk
• T.l.j. 10h-18h30.

Soho & Carnaby Street (Quartier 5 - p. 48)

PRETTY GREEN
Mode ⑮ Plan G7

En 2009, Liam Gallagher vécut deux évènements majeurs : la dispute de trop avec son frère Noël qui entraîna la séparation d'Oasis, et la naissance de sa marque de mode, Pretty Green. L'origine du nom est à chercher du côté de The Jam, un groupe punk anglais des années 1970. L'inspiration des collections puise également dans la musique des années 2000 avec des tee-shirts en collaboration avec des groupes et des looks qui rappellent l'imagerie d'Oasis, entre polos (50 £) et parka (180 £).
56-57 Carnaby Street • M° Oxford Circus ou Piccadilly Circus • ☎ 0207 287 31 22 • www.prettygreen.com
• Lun.-mer. et ven.-sam. 10h-19h, jeu. 10h-20h, dim. 12h-18h.

Pretty Green

RAY JAZZ AT FOYLES
Musique ⑯ Plan H7

Malgré son rachat par Foyles, Ray Jazz a conservé son indépendance. Au 3e étage de son vaste magasin, le disquaire propose l'une des meilleures sélections jazz de la capitale, passant du traditionnel à l'avant-garde. Une très bonne adresse pour piocher les grands classiques de Charlie

Parker à Chet Baker ou dénicher les groupes anglais à la mode comme Some Velvet Morning, Deep Purple ou The Waterboys.
13-119 Charing Cross Rd • M° Tottenham Court Rd • ☎ 0207 440 32 05 • www.foyles.co.uk • Lun.-sam. 9h-21h, dim. 11h30-18h.

PHONICA RECORDS
Musique ⑰ Plan H7

Du temps où il avait le cœur mods, Soho a conservé ses *music shops,* épicentres de l'underground londonien. Phonica perpétue la tradition avec une sélection limitée, mais pointue de vinyles et de CD (tous présentés avec l'avis du disquaire) dans tous les genres, du jazz à l'électronique, des perles afro-beat au rockabilly des fifties (vinyles de 7,99 à 29,99 £ ; CD de 2,99 à 27,98 £). Phonica propose aussi les productions électro de son label, des accessoires pour platine, des tee-shirts (15 à 35 £) et des sacs à vinyles (40 à 180 £).
51 Poland St. • M° Oxford Circus • ☎ 0207 025 60 70 • www.phonicarecords.com • Lun.-mer. et sam. 11h30-19h30, jeu.-ven. 11h30-20h, dim. 12h-18h.

BEN SHERMAN
Mode homme ⑱ Plan G7

Les mods ou *modernists,* jeunes urbains insouciants des années 1950-60, se ruèrent sur les vêtements d'un certain Ben Sherman, rentré d'Amérique avec des rêves et des images de

silhouette *preppy* plein la tête. Ses chemises bien taillées dans des tissus à couleurs et motifs (carreaux en tête), avec un bouton sur l'arrière du col, traversèrent les époques. Il en va de même pour les emblématiques tee-shirts ornés d'une cible semblable à celles de la Royal Air Force (32 £), emblème absolu des mods. La boutique et ses cabines d'essayage valent à elles seules le détour. Pour compléter votre look, faites un tour chez le voisin, Dr. Martens (n° 48).
50 Carnaby St. • M° Oxford Circus ou Piccadilly Circus • ☎ 0207 437 20 31 • www.bensherman.com • Lun.-sam. 10h-19h, dim. 12h-18h.

HAMLEYS
Jouets ⑲ Plan G7

Offrez-vous un détour dans ce magasin de jouets, qui est une véritable attraction touristique pour son choix ahurissant, notamment de peluches en tout genre, sur plusieurs étages proposant chacun des univers très différents.
188-196 Regent St. • M° Oxford Circus • ☎ 0371 704 1977 • www.hamleys.com • Lun.-ven. 10h-21h, sam. 9h30-21h, dim. 12h-18h.

MILROY'S OF SOHO
Whiskys ⑳ Plan H7

Tous les whiskys imaginables (à partir de 30 £) sont ici. Les vendeurs en expliquent très bien les subtilités et vous pourrez goûter aux nectars de votre choix au comptoir. Le soir, faufilez-vous au

fond de la boutique et poussez le mur de la (fausse) bibliothèque. Un bar secret, à l'ambiance tamisée, vous attend au sous-sol. La carte des cocktails, collée dans des livres vintage, change régulièrement.
3 Greek St. • Mº Tottenham Court Rd • ☎ 0207 734 22 77 • www.milroys.co.uk • Lun.-sam. 10h-23h • Bar : lun.-sam. 18h-23h.

ALGERIAN COFFEE STORES
Thés et cafés   ㉒ Plan H7

La vitrine est un bric-à-brac de théières, cafetières, paquets de café et de thé, très représentatif du contenu de la boutique. À l'intérieur, dans une déco vieillotte et hétéroclite, on achète au détail les meilleurs cafés (de 6 à 46 £ la livre) et les meilleurs thés de tout Londres.

52 Old Compton St. • Mº Leicester Square • ☎ 0207 437 24 80 • www.algcoffee.co.uk • Lun.-mer. 9h-19h, jeu.-ven. 9h-21h, sam. 9h-20h.

SOUNDS OF THE UNIVERSE
Musique   ㉓ Plan H7

Sounds of the Universe flirte avec tous les styles de musique : reggae, house, techno, disco, new wave, hip-hop, dancehall, funk et soul, dont on peut découvrir les toutes dernières sorties aux bornes d'écoute. Pistez les éditions collectors, les vinyles rares et les bonnes occasions qui sommeillent au sous-sol.
7 Broadwick St. • Mº Tottenham Court Rd • ☎ 0207 734 34 30 • www.soundsoftheuniverse.com • Lun.-sam. 10h-19h30, dim. 11h30-17h30.

Liberty

LIBERTY
Concept store ㉔ Plan G7

Liberty, sans être pour autant un jardin, est vraiment le royaume des petites fleurs. C'est toute la tradition de cette célèbre enseigne que vous retrouverez dans son magnifique intérieur de bois noir. Outre les imprimés (déclinés en chemises, valises, etc.), on y trouve un élégant rayon de mode féminine et de la vaisselle. Ne manquez pas sa façade à colombages d'inspiration Tudor (lire aussi p. 49). Ses soldes très courus ont lieu à la fin du mois de juin.

210-220 Regent St. • Entrée par Great Marlbourg St. • M° Oxford Circus
• ☎ 0207 734 12 34
• www.liberty.co.uk
• Lun.-sam. 10h-20h, dim. 12h-18h.

Trafalgar Square & la National Gallery (Quartier 6 - p. 52)

M&M'S WORLD
Chocolats ㉕ Plan H7-8

Ce ne sont pas moins de quatre étages qui sont dédiés à la célèbre pastille chocolatée. Du mug au caleçon en passant par la papeterie, les personnages à croquer sont partout. Des murs de bonbons vous attendent, classés par couleur (2,49 £/100 g). Vous pouvez également créer des pastilles personnalisées ou passer dans un scanner qui vous indiquera quelle couleur correspond à votre personnalité.

Swiss Court • M° Leicester Square ou Piccadilly Circus
• ☎ 0207 025 71 71
• www.mmsworld.com • Lun.-sam. 9h-minuit, dim. 12h-18h.

LAIRD LONDON
Chapelier ㉖ Plan I7

Laird ou la culture par le chapeau... Pour le look Dr House, choisissez le *flatcap* (75-80 £ selon la matière). Vous vous imaginez plutôt en danseur façon Michael Jackson ? Préférez le *trilby* en feutre (à partir de 80 £). Pour l'élégance de James Bond, optez pour le *bowler* (75 £).

23 New Row • M° Leicester Square
• ☎ 0203 713 96 92
• www.lairdlondon.co.uk
• Lun.-sam. 10h-20h, dim. 11h-18h30.

Covent Garden (Quartier 7 - p. 56)

FORBIDDEN PLANET
Temple geek ㉗ Plan I7

C'est le point de ralliement des pottermaniaques, des accros à *Game of Thrones,* des inconditionnels du Doctor Who et de tous les curieux des cultures pop et geek. Le rez-de-chaussée est consacré aux figurines et autres

Benjamin Pollock's Toyshop

produits dérivés des grandes licences, tandis que le niveau inférieur regorge de comics, BD et *artbooks* (dont des pépites signées par les auteurs). Surveillez l'agenda des dédicaces, des auteurs cultes sont régulièrement de passage dans la boutique.

179 Shaftesbury Avenue
• M° Tottenham Court Road
• ☎ 0207 420 36 66
• www.forbiddenplanet.com
• Lun.-mar. 10h-19h, mer. et ven.-sam. 10h-19h30, jeu. 10h-20h, dim. 12h-18h.

BLACKOUT II
Vintage   ㉘ Plan I7

C'est une des meilleures boutiques de vêtements rétro de Londres. Fréquentée par les célébrités et les top models, son stock va des Années folles aux années disco. Robes à strass de déesses hollywoodiennes (70 £), mais aussi chemises imprimées pour les cousins des Beach Boys (29 £).

51 Endell St. • M° Covent Garden
• ☎ 0207 240 50 06
• www.blackout2.com
• Lun.-ven. 11h-19h, sam. 11h30-18h30.

BENJAMIN POLLOCK'S TOYSHOP
Jouets   ㉙ Plan I7

Il faut monter l'escalier de cette petite boutique pour accéder à ses trésors : de magnifiques théâtres de marionnettes (de 1 à 1000 £), des ours traditionnels et de charmantes poupées. Ce sont des jouets pour adultes nostalgiques et pour enfants soigneux, mais vous pouvez aussi vous rabattre sur les sifflets, billes et autres petites figurines, très jolis et à un moindre prix.

4 Covent Garden, The Market
M° Covent Garden
☎ 0207 379 78 66
www.pollocks-coventgarden.co.uk
Lun.-mer. 10h30-18h, jeu.-sam. 10h30-
8h30, dim. 11h-18h.

THE TEA HOUSE
Thés ③⓪ Plan I7

La façade et le décor de bois laqué
rouge et noir incitent à pénétrer
dans cette boutique afin de
découvrir tous les aspects de la
boisson culte des Britanniques.
Pas un parfum ne manque au
fabuleux catalogue de thés
maison, avec quelques originalités
comme le thé au rhum à la vanille
(4,25 £ les 100 g), ou encore le thé
à la crème caramel (5,25 £ les
100 g). Profitez-en pour jeter un œil
à l'incroyable collection de théières.
15A Neal St. • M° Covent Garden
☎ 0207 240 75 39
www.theteahouseltd.com • Lun.-mer.
10h-19h, jeu.-sam. 10h-20h, dim. 11h-19h.

NEAL'S YARD DAIRY
Fromager ③① Plan I7

Les fromages de la maison sont
tous britanniques ou irlandais,
et ils proviennent parfois de
fermes très reculées, identifiées
par le nom inscrit sur leur croûte.
Aucun doute : ils ne sont pas
pasteurisés. Les propriétaires, qui
ont ouvert la boutique en 1979,
vous conseilleront avec passion.
Goûtez à l'Appleby's Cheshire
(26,80 £/kg) ou au Sparkenhoe
Red Leicester (26,15 £/kg).

17 Shorts Gardens • M° Covent Garden
• ☎ 0207 240 57 00
• www.nealsyarddairy.co.uk
• Lun.-sam. 10h-19h.

TATTY DEVINE
Bijoux fantaisie ③② Plan I7

On s'arrache les dernières
créations rock'n'roll et funky des
deux copines Rosie et Harriet qui
se cachent derrière Tatty Devine.
Boucles d'oreille hirondelles (25 £),
colliers arc-en-ciel (65 £), arêtes
de poisson, vinyles ou lunettes
lolita, micros de guitare en guise
de broches, les collections qui
se succèdent sont un condensé
d'humour et d'audace. Des bijoux
en plastique ou en Plexi flashy,
eighties et actuels à la fois (à partir
de 15 £) ! Autre adresse au 236
Brick Lane (E2 ; M° Liverpool St. ;
☎ 0207 739 91 91 ; lun.-ven. 10h-
18h, sam. 11h-18h, dim. 10h-17h).
44 Monmouth St. • M° Covent Garden
• ☎ 0207 836 26 85
• www.tattydevine.com
• Lun.-sam. 10h30-19h, dim. 11h30-17h.

POP BOUTIQUE
Vintage ③③ Plan I7

Pop comme pop art ou pop
music. Les années 1970 sont
ici à l'honneur. Des vêtements
d'occasion, mais aussi de vieux
stocks, notamment de jeans (à
partir de 25 £), pour se bricoler
un total look seventies. C'est
une des adresses favorites
des étudiants londoniens
pour ses prix raisonnables.

30 Shorts Gardens • M° Covent Garden
• ☎ 0207 836 98 19
• www.pop-boutique.com
• Lun.-sam. 11h-18h50, dim. 11h-17h50.

LONDON TRANSPORT MUSEUM SHOP
Souvenirs (34) Plan I7

La boutique du musée est fabuleuse : ce ne sont pas une, mais mille idées-cadeaux que vous pourrez trouver. Du plus graphique comme les écharpes (9 £) ou chaussettes (30 £) reproduisant les motifs iconiques des fauteuils des ligne de métro au plus étonnant (des éditions limitées du plan de métro considérées comme le must du design anglais – à partir de 10 £) en passant par le célèbre tee-

shirt « Mind the gap » pour enfant (10 £). Une mine intarissable !
The Piazza • M° Covent Garden
☎ 0207 379 63 44
• www.ltmuseum.co.uk • Dim.-mar. 10h-18h30, mer.-sam. 10h-19h.

SUPER SUPERFICIAL
Mode (35) Plan I7

Le tee-shirt imprimé était devenu passe-partout avant que Super Superficial ne s'en mêle en invitant de jeunes artistes à exposer leurs œuvres loufoques sur les poitrines de tout un chacun (42 £ le tee-shirt).
22 Earlham St. • M° Covent Garden ou Leicester Square • ☎ 0207 240 61 16
• www.supersuperficial.com
• Lun.-sam. 11h-19h, dim. 12h-17h.

Holborn & le British Museum (Quartier 8 - p. 60)

THOMAS FARTHING LTD
Mode (36) Plan I7

Gilet croisé, veston (à partir de 139 £), casquette (59 £), bretelles (45 £), vous trouverez toutes les pièces indispensables pour vous composer un look entre le gentleman-farmer et le héros de la série *Peaky Blinders*. La marque use des musts et des classiques, avec par exemple des étoffes labélisées Harris Tweed, tout en insufflant la modernité nécessaire pour que ces pièces d'inspiration 1920 se fondent dans les rues du XXIe s. Les femmes ne sont pas oubliées avec de jolies capes et autres

élégants gants en cuir (135 £).
40 Museum St • M° Holborn
• ☎ 0207 831 16 00
• www.thomasfarthing.co.uk
• T.l.j. 10h-19h.

R. TWINING AND CO
Thés (37) Plan D3

Le lion doré qui couronne l'entrée rappelle que la boutique ouvrit à cet endroit même en 1717. À l'intérieur, vous trouverez tous les thés vendus sous le nom de la marque (boîte d'assortiment d'Earl Grey à la réglisse, 6 £), mais aussi un musée qui retrace l'histoire de ce qui est devenu une institution.

16 Strand • M° Temple
☎ 0207 353 35 11 • www.twinings.
o.uk • Lun.-ven. 9h30-19h30, sam.-dim.
1h-18h • Cours et dégustations de thé :
un.-ven. 10h-12h (38 £).

PAPERCHASE
Papeterie ㊳ **Plan H6**

Vous ne repartirez pas les mains
vides : sacs, agendas, cahiers,
crayons, mugs en porcelaine (8 £),

autocollants délirants... la liste est
sans fin ; la créativité et l'humour,
à chaque rayon ; et la touche
anglaise, garantie ! Le design est
plutôt enfantin avec des chats,
des papillons ou des gâteaux, mais
les objets décoratifs au 1er étage
s'adressent aux plus grands.
213-215 Tottenham Court Rd
• M° Goodge St. • ☎ 0207 467 62 00
• www.paperchase.co.uk • Lun.-ven.
9h-20h, sam. 9h-19h, dim. 12h-18h.

Clerkenwell (Quartier 10 - p. 72)

BRILL
Musique ㊴ **Plan D2**

Chez Brill, on s'offre une pause-
café accompagnée des fameux
bagels de Brick Lane, histoire

d'être relax pour fouiner dans les
bacs à CD. Du rock au reggae en
passant par le jazz, la sélection
est loin d'être exhaustive, mais
elle reflète le bon goût de
Jeremy Brill, propriétaire des

Thomas Farthing Ltd

lieux, qui se fera un plaisir de vous recommander une de ses pépites.
27 Exmouth Market • M° Angel ou Farringdon • ☎ 0207 833 97 57 • Lun.-ven. 8h-17h, sam. 9h-17h, dim. 10h-17h.

OLIVER SPENCER
Mode homme ④⓪ Plan C2

Oliver Spencer marie le vêtement populaire et le sur-mesure traditionnel anglais : tissus de qualité, coupes modernes, assemblages à l'ancienne et détails délicieux pour des vêtements élégants au quotidien. Il puise son inspiration dans la tradition militaire, la marine et la chasse, le tout corrigé par un brin de minimalisme japonais ! Une belle originalité qui a un coût.
62 Lambs Conduit St. • M° Russel Square • ☎ 0207 269 64 44 • www. oliverspencer.co.uk • Lun.-ven. 11h-19h, sam. 10h30-18h30, dim. 12h-17h.

Spitalfields Market & l'East End (Quartier 11 – p. 76)

SUNSPEL
Mode homme ④① Plan E2

Cette institution de la mode anglaise, créée en 1860, a ouvert sa première boutique dans le quartier branché de Shoreditch. Le caleçon blanc de Nick Craven dans cette célèbre publicité Levi's où le jeune chanteur se déshabille dans une laverie, c'est Sunspel. Le polo Riviera porté par Daniel Craig dans *Casino Royale,* c'est encore Sunspel. Polos, tee-shirts, pulls fins, vous avez l'embarras du choix ! Petit budget s'abstenir...
7 Redchurch St. • M° Old St. • ☎ 0207 739 97 29 • www.sunspel.com • Lun.-sam. 11h-19h, dim. 12h-17h.

OLD SPITALFIELDS MARKET
Marché ④② Plan E2

Dans le quartier de Spitalfields, ce vieux marché, logé sous une halle victorienne, attire les jeunes Londoniens et de nombreux touristes, car, ici, tout se vend : des vêtements, des livres et des CD d'occasion, des bijoux artisanaux, des accessoires en cuir, etc. L'arrivée de quelques chaînes de magasins après sa rénovation lui a fait perdre de son charme et de son authenticité, mais c'est encore une bonne adresse pour goûter aux cuisines du monde.
Brushfield St. • M° Liverpool St. • www.spitalfields.co.uk • Boutiques : t.l.j. 10h-19h • Marché : lun-mer. et ven.-sam. 10h-18h, jeu. 7h-18h, dim. 10h-17h.

ABSOLUTE VINTAGE
Chaussures ④③ Plan E2

Fétichiste des chaussures, vous allez vous pâmer devant la plus grande collection d'escarpins, de sandales et de bottes vintage de Grande-Bretagne, et pour tous les budgets (de 10 à 65 £).

es modèles des années 1930
ux années 1980 sont classés
ar couleurs. Robes de cocktail,
estes Burberry ou Aquascutum,
eans Diesel et lunettes *so sixties*
omplètent ce stock très fashion.
5 Hanbury St. • M° Liverpool St.
☎ 0207 247 38 83
www.absolutevintage.co.uk
T.l.j. 11h-19h.

BOXPARK
Centre commercial ㊹ Plan E2

'est le *shopping mall* du XXIe s.,
nodulable et provisoire. Ici, ni
ir climatisé ni Escalator, mais
es conteneurs en plein air reliés
ar des passerelles. Dans chacun
'eux, des boutiques au design

unique comme le superbe Nike
Id Studio ou l'élégant Decorum.
Ses restaurants (Bukowski,
Falafelicious) en font une excellente
halte pour une pause déjeuner.
2-4 Bethnal Green Rd
• M° Liverpool St. • ☎ 0207 033 28 99
• www.boxpark.co.uk • **Cafés et
restaurants :** lun.-sam. 8h-23h, dim.
10h-22h • **Boutiques :** lun.-sam. 11h-19h
(20h jeu.), dim. 12h-18h.

ELEMENTAL
Maison ㊺ Plan E2

Amateur de luminaires et de
mobiliers industriels anglais des
années 1950-1960, bienvenu ! Spots
de studio, cabinets de mercerie à
tiroirs multiples, on y trouve aussi

Boxpark

Notre top
DES BOUTIQUES
GOURMANDES

Fromages fermiers, chutneys, bonbons à l'ancienne, chocolats, thés aux mille saveurs, *ginger beer*... laissez-vous surprendre par la diversité qu'offre Londres en matière de gastronomie. Voici le meilleur des produits typiquement *British* à rapporter dans vos valises.

WHITTARD
La référence en matière de thé présente classiques et parfums exotiques. Voir p. 185.

ROCOCO CHOCOLATES
Le meilleur du chocolat sous toutes ses formes, on en redemande ! Voir p. 206.

BERRY BROS & RUDD
Le coin gourmand des grands, ceux qui apprécient le whisky ou une bonne bouteille de vin. Voir p. 185.

PAXTON & WHITFIELD
Pour faire le plein de cheddar et découvrir des fromages britanniques inédits Voir p. 185.

BROADWAY MARKET
Pour acheter des produits provenant de fermes anglaises. Voir p. 202.

Vendeur d'huîtres sur Broadway Market

des pièces décoratives originales
et plus abordables : planches
anatomiques, lampe de bureau
(240 £), burettes d'huile (90 £ les
3), arrosoirs vintage (96 £), etc.
30 Shoreditch High St.
M° Old St. • ☎ 0207 247 75 88
www.elemental.uk.com
Mer.-sam. 11h-18h, dim. 11h-17h.

ROUGH TRADE
Musique
46 Plan E2

Le célèbre label qui a signé les
Smiths est aussi le plus grand
et surtout le meilleur disquaire
indépendant de Londres. Le
royaume de l'alternatif, du
postpunk à l'électro en passant
par la brit pop et la new wave,
renouvelle le concept de disquaire
avec son coffee shop, sa librairie,
son Wifi gratuit, ses concerts
donnés trois ou quatre fois
par semaine, ses chroniques
stickées sur chaque disque et
ses compilations des meilleures
ventes éditées chaque année.
Dray Walk, 91 Brick Lane
M° Liverpool St. • ☎ 0207 392 77 88
www.roughtrade.com • Lun.-jeu.
9h-21h, ven. 9h-20h, sam. 10h-20h, dim.
11h-19h • Prix moyen de 10 à 12 £.

ATIKA
Vintage
47 Plan E2

Avec ses 25 000 pièces en
stock, c'est la plus grande boutique
de vintage d'Europe. Même *Vogue*
et *Elle* recommandent l'adresse !
Les vêtements de seconde
main (homme et femme) sont

Atika

présentés sur deux étages,
avec quelques gammes
personnalisées ou reteintes par
Atika. Attention, on vient juste
jeter un coup d'œil, on part 2 h
plus tard, cinq sacs à la main...
55-59 Hanbury St. • M° Liverpool St.
• ☎ 0207 377 07 30
• www.atikalondon.co.uk
• Lun.-sam. 11h-19h, dim. 12h-18h.

LABOUR AND WAIT
Maison
48 Plan E2

Labour and Wait revendique son
goût pour le design utilitaire.
Objets domestiques au parfum
d'antan et grands classiques y

sont rois : ustensiles de cuisine en émail, de la passoire au verre mesureur, ou de ménage comme ces grands plumeaux victoriens, outils de jardinage... On y trouve des cadeaux originaux : tablier japonais (38 £), pot à crayons en métal, set de rasage vintage, etc.

85 Redchurch St. • Mº Liverpool St.
• ☎ 0207 729 62 53 • www.
labourandwait.co.uk • Mar.-ven. 11h-
18h30, sam.-dim. 11h-18h • De 1 à 250 £.

BROADWAY MARKET
Marché   ㊿ Plan F1

Entre London Fields et Regent's Canal, Broadway Market diffuse une ambiance de village avec son marché où sont vendus des produits de la ferme. Les habitants de Hackney y font provision de pains et de fromages artisanaux, de fruits et légumes bio, et de pâtisseries fraîches. Autant de gourmandises qui côtoient les stands stylés de jeunes créateurs et de vêtements vintage. Encore un petit bijou de l'East End entre tradition et sophistication.

Broadway Market, London Fields Rail
• Mº Bethnal Green (remonter
Cambridge Heath Rd,
puis Andrew Rd à gauche)
• www.broadwaymarket.co.uk
• Sam. 9h-17h.

Broadway Market

Columbia Road Flower Market

COLUMBIA ROAD FLOWER MARKET
Marché
52 Plan E2

Ce marché populaire de l'est de Londres fleurit tous les dimanches matin. Les étals du marché aux fleurs colorent et embaument toute la rue d'une végétation dense dans laquelle vient se noyer une foule abondante à la recherche d'une plante exotique ou d'herbes aromatiques. À l'instar du voisinage branché, venez chiner dans les petites boutiques indépendantes et les galeries d'art logées derrière les devantures victoriennes de Columbia Rd. Beaucoup d'entre elles sont ouvertes le dimanche.

Columbia Rd • M° Hoxton ou Old St.
• www.columbiaroad.info
• Dim. 8h-env. 15h.

PITFIELD
Décoration
53 Plan E2

Le designer Shaun Clarkson écume les petits marchés locaux aux quatre coins de la planète pour en rapporter verres vintage, sofas années 1970, tapis indiens originaux, papiers peints contemporains, etc. Nos coups de cœur ? Les poteries anglaises de Hornsea (15 £ la théière), les belles chouettes bleues des céramiques du Finlandais Klaus Haapaniemi (collection Taika, 28 £ l'assiette) ou les abat-jour cage en verre (80 £). Il y en a pour tous les goûts et pour toutes les bourses dans cette boutique déco d'Hoxton.

31-35 Pitfield St. • M° Old St.
• ☎ 0207 490 68 52
• www.pitfieldlondon.com
• T.l.j. 11h-19h.

SCP EAST
Design Plan E2

Son style ? Un design minimaliste aux lignes pures, discret et robuste, une « nouvelle simplicité » *(New Simplicity)* devenue la ligne du design anglais. Meubles, luminaires,

textiles, accessoires : SCP réunit les créations d'une centaine de designers. Une mine pour trouver des petits cadeaux design.
135 Curtain Rd • M° Old St.
• ☎ 0207 739 18 69
• www.scp.co.uk
• Lun.-sam. 9h30-18h, dim. 11h-17h.

Southwark & la Tate Modern (Quartier 13 - p. 86)

OLIVER BONAS
Mode femme Plan D3

Cette excellente chaîne de mode féminine (plusieurs adresses à Londres) met en avant des robes inspirées de modèles rétro, des imprimés rigolos, des pochettes excentriques et des

bijoux aux formes géométriques pour habiller votre LBD (*Little Black Dress,* pour les intimes).
100 Southwark St.
• M° Southwark
• ☎ 0207 928 64 19
• www.oliverbonas.com
• Lun.-ven. 8h-19h,
sam. 10h-18h, dim. 11h-17h.

South Bank & le London Eye (Quartier 14 - p. 90)

NORDIC NICNAC
Enfant 56 Plan D3

Karine est originaire de Norvège, mais elle a posé son goût pour l'univers de l'enfance ainsi que ses aiguilles à tricoter dans une charmante boutique du Gabriel's Wharf. Elle y crée des bonnets en laine spécialement pour les petites têtes bien faites (25 £). Elle commercialise également des vêtements ornés de bus anglais, façonnés par sa comparse Sandrine, ainsi qu'une belle sélection d'articles pour bébés et enfants. Propriétaire nordique oblige : les Moomins

se sentent ici chez eux et sont déclinés sur divers supports.
14 Gabriel's Wharf • M° Waterloo ou Southwark • ☎ 0203 489 30 31
• www.nordicnicnac.com • Mar.-dim. 8h-17h.

JOULES
Mode enfant 57 Plan D4

Le Petit Bateau britannique ! Des vêtements confortables, mais bien taillés pensés pour la vie en extérieur, promenades en bord de mer ou à la campagne. On craque pour le coton doux, les impers rose fuchsia, pastel ou pêche, les tee-shirts rigolos, les

SCP East

imprimés *British chic* rehaussés d'une touche de néon. On y habille toute la famille. On vous aura prévenu, les bottes de pluie, les *wellies,* sont irrésistibles !
Unit 15, The Balcony • Mᵒ Waterloo Station • ☎ 0207 928 13 23
• www.joules.com • Lun.-ven. 7h30-21h, sam. 9h-20h, dim. 10h-19h.

OXO TOWER
Design   (58) Plan D3

Dans les années 1920, c'est ici que la firme Liebig fabriquait ses bouillons cubes Oxo. Le bâtiment a depuis été reconverti en un centre de boutiques design. Parmi elles, les montres de Mr Jones, les

céramiques du studio Sotis ou les objets décalés de **Suck UK** (www. suck.uk.com) dont les designers ont des idées pratiques et géniales : cabas « Guerre au plastique » à ranger dans une grenade zippée (13,50 £), minuteur de cuisine « Kaboom » (20 £), fausse bible dissimulant une flasque à whisky, etc. Le bar-brasserie-restaurant du 8ᵉ étage (www.harveynichols. com/oxo-tower-london) offre une vue exquise sur Londres, encore plus belle la nuit.
Barge House St. • Mᵒ Waterloo ou Southwark • ☎ 0207 021 16 86
• www.oxotower.co.uk
• **Boutiques :** mar.-dim. 11h-18h
• **Expos :** t.l.j. 11h-18h.

Knightsbridge, près du V&A Museum (Quartier 15 - p. 92)

LAURA ASHLEY
Décoration   ⑤⑨ Plan B4

Vous pouvez transformer votre appartement en un jardin anglais en allant vous fournir en papiers peints (20-44 £ le rouleau) et tissus fleuris dans cette succursale entièrement dédiée à la décoration, où les prix restent très raisonnables.
7-9 Harriet St. • M° Knightsbridge • ☎ 0871 223 14 22 • www.lauraashley.com • Lun.-sam. 10h-18h, dim. 12h-18h.

ROCOCO CHOCOLATES
Chocolats   ⑥⓪ Plan B4

C'est dans ce magasin, entre jolis emballages, rubans roses et pots à confiseries, que Chantal Coady propose ses chocolats. Les tablettes ont les parfums inattendus de la fleur d'oranger ou du basilic (5,95 £ les 70 g). Profitez aussi de votre visite pour déguster un chocolat chaud maison (3,80 £). *Yummy !*
5 Motcomb St. • M° Knightsbridge • ☎ 0207 245 09 93 • www.rococochocolates.com • Lun.-mer. 9h30-18h, jeu.-sam. 9h30-18h30, dim. 11h-18h.

HARVEY NICHOLS
Grand magasin   ⑥① Plan B4

Ce magasin dont l'élégance est à la hauteur du quartier est une fabuleuse vitrine pour les grands créateurs : Vivienne Westwood, Tse, Donna Karan, etc. Dans le rayon des culottes courtes, vous trouverez aussi les marques les plus tendance, de Paul & Joe à Monnalisa en passant par Baby Diesel. Et puis vous ne résisterez pas à l'envie de vous pomponner en flânant dans le fabuleux rayon cosmétique.
109-125 Knightsbridge • M° Knightsbridge • ☎ 0207 235 50 00 • www.harveynichols.com • Lun.-sam. 10h-20h, dim. 12h-18h.

VOIR AUSSI :
Harrods | p. 95 | Plan A4

Chelsea & King's Road (Quartier 16 - p. 96)

JIGSAW
Mode femme   ⑥② Plan B5

Le cadre historique de sa boutique amirale - la chapelle 1800 du duc d'York ! - donne le ton : on peut être l'une des chaînes préférées des Anglais et ne lésiner ni sur le décor ni sur la qualité. Peter Ruis y veille avec des couleurs pimpantes, des tops en soie imprimés d'aquarelles, des robes en organza et toujours cette élégance qui a fait la réputation de la marque.
The Chapel, 6 Duke of York Square King's Rd • M° Sloane Square

• ☎ 0207 730 44 04 • www.jigsaw-online.com • Lun.-sam. 10h-19h, dim. 11h30-18h.

THE CONRAN SHOP
Décoration   64 Plan A4

De grands designers, des acheteurs parcourent le monde à la recherche d'objets, mais aussi les créateurs de la ligne, propre à la marque, vous permettent de transformer votre intérieur de façon originale. La boutique de Fulham Road, l'ancien showroom de Michelin au début du siècle dernier, vaut vraiment à elle seule le détour.
81 Fulham Rd • Mº South Kensington • ☎ 0207 589 74 01 • www.conranshop. co.uk • Lun.-ven. 10h-18h (19h mer.-jeu.), sam. 10h-18h30, dim. 12h-18h.

Kensington & Notting Hill (Quartier 17 – p. 98)

PORTOBELLO ROAD MARKET
Antiquités   64 Plan p. 98

Tout chineur digne de ce nom ne manquera pas le plus grand marché aux antiquités du monde. Lorsqu'il fait beau, le plus célèbre des marchés londoniens est noir de monde et il est difficile de se frayer un chemin jusqu'à la pièce d'argenterie ou le bibelot victorien qui vous fait de l'œil. En semaine, marché avec fripes, bijoux, gadgets, etc.
Portobello Rd • Mº Notting Hill Gate

The Conran Shop

Word on the Water

• www.portobelloroad.co.uk • Marché des antiquaires : ven.-sam. (marché principal) 9h-19h ; marché réduit (pas d'antiquaires) : lun.-mer. 9h-18h et jeu. 9h-13h.

PENELOPE CHILVERS
Chaussures ⑥⑤ Plan p. 98

Depuis que Penelope Chilvers est tombée amoureuse de l'Espagne et de ses espadrilles, l'ancienne étudiante des Beaux-Arts s'est jetée corps et âme… dans la chaussure à semelle de corde ! Kate Middleton adore,

et tous les pieds de Notting Hill aussi. À pois ou à rayures, en cuir ou en tissu, plats ou compensés, tous ses modèles (99-299 £) sont à la fois pleins d'élégance et méditerranéens jusqu'au bout de la corde !
48-50 Ledbury Rd • M° Notting Hill Gate • ☎ 0207 221 23 63
• www.penelopechilvers.com
• Lun.-sam. 10h-18h, dim. 11h-17h.

VOIR AUSSI :

Worlds End Vivienne Westwood | p. 97 | Plan A4

King's Cross (Quartier 18- p. 102)

WORD ON THE WATER
Bouquiniste ⑥⑥ Plan C1

Voilà un lieu qui va plaire à tous ceux qui adorent déambuler

dans des librairies comme ils se baladeraient dans un musée ou un joli quartier. Cette étonnante boutique de livres anciens est installée… sur une péniche. De

rands classiques de la littérature
nglaise côtoient des livres de
ardinage, des traités de philo et
es illustrés, mais aussi une vieille
machine à écrire, un bouddha,
une chouette empaillée, de vieilles
photos. Plus qu'une boutique,
'est une porte vers un étrange
et fascinant univers flottant.
York Way, Granary Square
☎ 0797 688 69 82 • Mº King's Cross
St. Pancras • Facebook : Word On The
Water • T.l.j. 12h-19h

HARRY POTTER SHOP
Enfant (68) Plan C2

On a toujours une petite place
dans sa valise pour une baguette
magique... Offrez-vous donc
une rentrée des classes digne
de Poudlard : ici, vous trouverez
tout. Cravates, pulls, écharpes
aux couleurs de votre maison
préférée, insignes de l'équipe
de quidditch, bonbons Bertie
Bott's. Attention, vous risquez
d'en rater votre train. Bonus :
le chariot enfoncé dans le mur
de la plateforme 9 3/4 prête
aux séances photos... Venez dès
l'ouverture ou en fin de journée
pour l'avoir juste pour vous.
Platform 9 3/4
• Mº King's Cross St Pancras
• ☎ 0207 803 05 00
• www.harrypotterplatform934.com
• Lun.-sam. 8h-22h, dim. 9h-21h.

Camden & ses canaux (Quartier 19 – p. 108)

COWSHED
Spa (69) Plan B1

La marque Cowshed est connue
pour sa gamme de produits à
base d'ingrédients naturels et
majoritairement bio. Difficile
d'imaginer, en observant
cet établissement chic de
Primerose Hill, que l'aventure
a commencé dans une étable
aménagée ! La carte des soins
déborde de traitements aux
relaxantes promesses. Si vous
avez peu de temps, optez
pour une pause de 30 minutes
soin du visage revitalisant,
35 £). Amadouez d'éventuels
accompagnateurs récalcitrants
en leur parlant de l'offre de petite
restauration et de boissons.
115-117 Regents Park Road
• Mº Chalk Farm • ☎ 0203 725 27 77
• www.cowshed.com • Lun.-ven. 9h-21h,
sam. 9h-19h, dim. 9h30-17h.

ROKIT
Friperie (70) Plan B1

La plupart des boutiques de
cette rue ont des devantures
travaillées et imposantes :
Rokit ne fait pas exception.
Ce magasin vend de la fripe sur
deux étages. Il y en a pour tous
les goûts, des chemises à fleurs
à la robe en strass (45-75 £).
225 Camden High St. • Mº Camden
Town • ☎ 0207 267 30 46
• www.rokit.co.uk • T.l.j. 10h-19h.

Carnet

PRATIQUE

Retrouvez toutes nos adresses localisées sur les cartes et plans grâce à un numéro coloré.

● 56	● 35	● 28
Restos	Bars	Boutiques

Le numéro renvoie à sa notice détaillée dans le chapitre concerné.

QUAND PARTIR ?

ondres se goûte à toutes les aisons. Le printemps est la ériode la plus agréable (même i, en avril, les giboulées sont réquentes), juin est le mois le lus ensoleillé. Les températures estent douces pendant l'hiver, descendant rarement en dessous e 0 °C. Les beaux jours de juillet t d'août annoncent les grandes estivités. Septembre est une super ériode : temps sec et encore

chaud, redémarrage de la saison au théâtre et à l'opéra, festival de la Tamise (Totally Thames)... Les mois de novembre, décembre et janvier, marqués par une très forte fréquentation touristique, ne sont pas propices pour profiter des tarifs les plus bas.

POUR Y ALLER

Pour un séjour de courte durée, préférez l'avion ou le train.

EN AVION

L'aéroport d'Heathrow est très bien relié au centre-ville, notamment par le métro (voir p. 215). Seules les compagnies nationales (Air France et British Airways) s'y posent. Allers-retours à partir de 130-150 €, les prix variant en fonction des périodes.

● **Air France** propose des vols quotidiens au départ de Roissy-Charles-de-Gaulle et d'Orly (dès

Au départ de Paris : infos utiles

encadré partenaire

Vous partez de Paris-Orly ou de Paris-Charles-de-Gaulle ? Sur **www.parisaeroport.fr,** soyez informé en temps réel sur votre vol, calculez votre temps de trajet vers l'aéroport, réservez une place de parking, découvrez les services (Wifi gratuit, espace Musées ou enfants, etc.) et les boutiques de votre terminal ou adhérez au programme de fidélité de Paris Aéroport. Vous pouvez également réserver l'intégralité de votre voyage (billets d'avion, hôtels, visites, etc.). Suivez Paris Aéroport sur Facebook et Twitter.

49 € l'aller simple).
☎ 36 54 • www.airfrance.fr

• **British Airways** assure des vols directs au départ de Bordeaux, Figari, Limoges, Lyon, Marseille Provence, Nantes, Nice, Paris (CDG et Orly), Toulouse ainsi que de Chambéry et Grenoble en hiver et de Bergerac et Quimper en été.
☎ 0825 825 400
• www.britishairways.com

Se renseigner avant de partir

Office de tourisme de Grande-Bretagne
www.visitbritain.com

British Council (agence éducative et culturelle britannique)
Pour son programme varié de rencontres et d'expositions.
9, rue de Constantine, 75007 Paris • ☎ 01 49 55 73 00
• www.britishcouncil.fr • Lun.-ven. 9h30-19h, sam. 9h30-17h.

The Abbey Bookshop (librairie)
29, rue de la Parcheminerie, 75005 Paris • ☎ 01 46 33 16 24
• www.abbeybookshop.wordpress.com • Lun.-sam. 10h-19h.

WHSmith (librairie et rayon épicerie)
248, rue de Rivoli, 75001 Paris
• ☎ 01 44 77 88 99
• www.whsmith.fr
• Lun.-sam. 9h30-19h30, dim. et j. f. 12h30-19h.

Les vols low cost se posent uniquement aux aéroports de Luton, Stansted, London City et Gatwick.
Ceux-ci sont un peu plus éloignés, mais vous pourrez rallier le centre de Londres en moins d'une heure en transports en commun (voir p. 215). Les compagnies affichent des tarifs très compétitifs avec des allers-retours dès 30 €.

• **Ryanair** propose des vols directs au départ d'une vingtaine de villes de province à destination de Luton et Stansted.
www.ryanair.com

• **EasyJet** assure des vols à partir de Paris-Charles-de-Gaulle et Orly, Ajaccio, Bastia, Biarritz, Bordeaux, Figari, Grenoble, La Rochelle, Lyon, Marseille, Montpellier, Nantes, Nice et Toulouse principalement vers Gatwick et Luton :
☎ 0820 420 315 • www.easyjet.com

• **Flybe,** compagnie low cost britannique, propose des vols entre Rennes et London City (aéroport situé dans Londres et connecté au DLR, le métro automatisé).
www.flybe.com

• **Trouver le bon vol**
Pour comparer les prix des vols sur toutes les compagnies aériennes en même temps, vous pouvez faire votre recherche via des sites comme :
www.skyskanner.fr,
www.opodo.fr, www.kayak.fr
ou encore www.liligo.fr

N TRAIN

L'Eurostar rejoint la gare de t Pancras (dans le centre-ville e Londres) depuis Paris, Lille t Bruxelles, mais aussi Aime-la- lagne, Avignon, Lyon, Marne-la- Vallée/Chessy et Marseille. Pensez à vous présenter à la gare au moins 45 min avant le départ, muni de vos papiers d'identité.
☎ 01 70 70 60 88 (France) ou 03432 186 186 (Royaume-Uni) • www.eurostar. com

Pensez-y

Formalités

Si vous êtes ressortissant d'un pays membre de l'Union européenne, seule la carte nationale d'identité ou un passeport en cours de vali- dité est nécessaire.

Brexit

La date de sortie officielle du Royaume-Uni de l'Union européenne est fixée au 31 octobre 2019 et sera suivie vraisemblablement d'une période de transition de deux ans. Au moment de l'impression de ce guide, aucune information n'était disponible quant aux nouvelles mesures et la date de leur mise en application. Consultez les informa- tions mises à jour sur www.diplomatie.gouv.fr

Assurance

Prévoyez une assurance rapatriement, qui vous sera utile en cas d'acci- cident grave. Les voyagistes la proposent systématiquement, com- prise ou non dans le forfait. De plus, un certain nombre de cartes de crédit incluent cette assurance dans leurs avantages.

Santé

Avant de partir, procurez-vous la carte européenne d'assurance mala- die auprès de votre caisse d'assurance maladie. Pour être soigné gratuitement, vous devez vous adresser à un médecin (General Prac- ticioner) appartenant au National Health Service (NHS) et présenter votre carte. Dans tous les cas, vous aurez à payer la part forfaitaire de chaque médicament prescrit, comme les assurés anglais (8,20 £).

Pour les urgences : ☎ 999.

Douane

Attention, que vous soyez citoyen de l'Union européenne ou pas, les quantités de tabac et d'alcool que vous pouvez introduire ou rappor- ter du Royaume-Uni varient.

Centre de renseignement des douanes : ☎ 0811 20 44 44 (depuis la France) et ☎ 00 33 1 72 40 78 50 (depuis le Royaume-Uni) • www.douane.gouv.fr

Lastminute.com

encadré partenaire

Partez à l'aventure et explorez Londres ! **lastminute.com** vous accompagne et vous permet de profiter de chaque instant de votre séjour. Découvertes, expériences à couper le souffle, rencontres, transformez votre voyage en souvenir inoubliable ! Notre large gamme d'hôtels, de vols et de séjours vous garantit la sérénité absolue. Réservez vite sur lastminute.com

EN SHUTTLE

Le **Shuttle d'Eurotunnel** est une navette ferroviaire transportant les voitures et leurs passagers dans le tunnel sous la Manche (jusqu'à 4 départs par heure). Seulement 35 min séparent Calais de Folkstone, en Angleterre, d'où vous pourrez rejoindre Londres en 1 h 30 (112 km). Cette formule peut être beaucoup plus avantageuse (à partir de 83 € pour un séjour d'un à deux jours, 101 € si vous restez entre 3 et 5 jours) que l'Eurostar si vous vivez dans le nord de la France et voyagez à plusieurs (le prix est par véhicule et non par passager). Une fois à Londres, pour ne pas devoir payer la *Congestion Charge* (11,50 £), laissez votre voiture en dehors du centre et prenez les transports en commun !
☎ 0810 63 03 04 • www.eurotunnel.com

EN BATEAU

• **P&O Ferries** relie Calais-Douvres en 1 h 30, dès 51 € le trajet.
☎ 0366 740 325 • www.poferries.com/

• **Brittany Ferries :** privilégiez les liaisons vers Porthmouth (depuis Saint-Malo, Caen, Cherbourg et Le Havre). Possibilité également de relier Plymouth, depuis Roscoff.
☎ 02 98 24 47 01
• www.brittany-ferries.fr

• **DFDS Seaways :** liaison : Calais-Douvres en 1 h 30 et Dunkerque-Douvres en 2 h.
☎ 02 32 14 68 50
• www.dfds.com

Notez bien que des taxes s'appliquent si vous décidez de conduire dans le centre-ville (voir p. 221).

ALLER DE L'AÉROPORT AU CENTRE-VILLE

EN TAXI

Les célèbres *black cabs* sont disponibles au départ des quatre premiers aéroports. Le trajet coûte cher (55-150 £ en fonction du temps de parcours et de l'horaire). Comptez entre 30 et 60 min de l'aéroport d'Heathrow au centre de Londres, au moins 1 h depuis les aéroports de Stansted et Gatwick.
Pour plus de renseignements, voir la rubrique En taxi, p. 220.

N NAVETTE

Heathrow : le Heathrow Express
essert les terminaux 2 à 5 et
ejoint la gare de Paddington
plan A3) en 15-21 min. Départ
outes les 15 min de 5h10 à 23h25
27 £ l'aller ou 42 £ A/R à bord ;
sque 75 % moins cher en ligne).
☎ 0345 600 15 15
www.heathrowexpress.com
lus économique, la ligne de métro
iccadilly relie les terminaux 2 à
u centre de Londres (comptez
0-55 min pour rejoindre la station
iccadilly Circus). Ticket : 6 £.
rajet en Oyster Card ou carte de
aiement sans contact : 3,10 £ (sauf
n.-ven. 6h30-9h30, 5,10 £).

Gatwick : le Gatwick Express
ssure 4 départs par heure et
ejoint la gare Victoria en 30 min
9,90 £ l'aller ou 36,70 £ A/R sur
lace via Oyster Card ; environ 10 %
oins cher en ligne).
☎ 0345 850 15 30
www.gatwickexpress.com

ratique : les tickets sont en vente
ur les sites Internet des Gatwick
t Heathrow Express. Il vous suffit
e présenter le code-barres envoyé
ur votre téléphone ou de le
canner pour accéder au train.

Stansted : avec un départ
outes les 15 min, le train Stansted
xpress vous dépose à la gare de
iverpool St. en 45 min (18,10 £
aller ou 29,90 £ A/R ; 12,99 £ l'aller
u 25 £ A/R si le billet est acheté
0 jours à l'avance).

☎ 0345 600 72 45
• www.stanstedexpress.com

• Luton : jusqu'à 10 trains par heure
avec les compagnies Thameslink
Railway et East Midlands qui relient
la gare de Luton Airport Parkway
à plusieurs gares du centre de
Londres, dont King's Cross (1 h,
17,40 £ l'aller, 30,30 £ A/R) et
London Bridge (17,40 £ l'aller,
30,30 £ A/R). Les billets sont en
vente à l'aéroport, au Travel Centre.
Du terminal de l'aéroport à la gare,
il faut emprunter un bus pour un
trajet de 10 min : départ toutes les
10 min de 5h à minuit (2,40 £ l'aller,
3,80 £ A/R ; achat du billet dans le
bus en liquide uniquement).
☎ 0345 026 47 00 • www.thameslink
railway.com ☎ 0345 712 56 78
• www.eastmidlandstrains.co.uk

• London City Airport
(le seul aéroport dans Londres) :
vous pourrez rejoindre le centre
en 20 min (station Bank) grâce
au Docklands Light Railway
(DLR), le métro automatisé
de la capitale. Trajet en Oyster
Card : 2,80 £.
http://tfl.gov.uk/dlr

DORMIR À LONDRES

HÔTEL OU B&B ?

Vous trouverez dans notre
sélection des hôtels de charme
ainsi que des adresses de *budget
boutique hotel,* une tendance
londonienne qui consiste à
proposer un environnement chic à

des prix raisonnables. Alternative aux hôtels, la chambre d'hôte est plus économique pour une qualité de confort souvent équivalente. Mais attention, l'appellation *bed & breakfast* vaut aussi pour de petits hôtels, parfois miteux. Les sites Internet permettent en général de faire la distinction et d'éviter les pièges. Un logement dans le centre est évidemment idéal pour visiter Londres, mais ne craignez pas les adresses légèrement excentrées : les prix y sont moins élevés et l'excellent réseau de transports en commun permet de rejoindre le centre-ville en peu de temps. En plus de nos adresses *B&B*, consultez le site :
www.sawdays.co.uk ou encore
www.bedandbreakfast.com
et www.london30.com

Autre formule intéressante, la location d'appartements, plus économique si vous louez pour une semaine :
www.housetrip.com
ou www.airbnb.fr

RÉSERVATIONS

Il est **indispensable de réserver** pour bénéficier des meilleurs tarifs. Vous pouvez réserver par téléphone (pensez alors à confirmer par e-mail ou courrier) ou opter pour la **réservation en ligne,** directement sur le site de l'hôtel ou sur les sites spécialisés :
www.booking.com
• **www.laterooms.com**

TARIFS

Les hôtels à Londres sont chers et le tarif ne correspond pas toujours au niveau de confort et de service attendu. Pour les hôtels de base et les *B&B* (y compris ceux chez l'habitant), comptez entre 60 et 150 £ la nuit. Les hôtels de charme et les *B&B* chics affichent des prix aux alentours de 150-200 £ et n'espérez pas payer moins de 250 £ pour un hôtel de luxe. Les prix indiqués dans ce guide correspondent à une chambre double pour deux personnes en basse et haute saison (petit déjeuner compris). Donnés à titre indicatif, ils varient en fonction des périodes de l'année et du type de chambre. Pour **éviter les mauvaises surprises,** vérifiez que la TVA *(VAT)* de 20 % est incluse. **Consultez notre sélection d'adresses p. 224.**

SE DÉPLACER DANS LONDRES

Métro, autobus, vélos, taxis ou train *(National Rail)*, les moyens ne manquent pas pour découvrir Londres. Toutes les informations en anglais sur les transports sur :
www.tfl.gov.uk ou
au ☎ 0343 222 12 34

TITRES DE TRANSPORT

Les transports en commun sont très efficaces, mais plutôt chers. Sachez cependant que **les**

transports sont gratuits pour les enfants âgés de moins de 11 ans.
● **L'Oyster Card** est le titre de transport le plus utilisé dans la ville. Elle a la forme d'une carte bancaire et peut être chargée du montant souhaité. Vous pouvez l'acheter aux guichets des stations de métro et des gares, ainsi que chez les marchands de journaux portant l'enseigne bleue Oyster Card. Une caution de 5 £ (remboursable) vous sera demandée lors de l'achat. La carte pourra ensuite être rechargée également aux bornes automatiques.

Comment l'utiliser ?
C'est une formule *Pay as you go* (« payez en fonction de vos trajets »), vous devez donc présenter votre carte sur le lecteur du portique, en entrant

Le *London Pass*

Cette carte donne un accès gratuit et sans attente à plus de 60 musées et attractions majeures de la capitale. Vous pouvez également effectuer une visite de la ville dans un bus hop-on-hop-off. L'option *travel* vous donne accès à une Oyster Card créditée (sans avantage financier). Attention, un rythme de visite soutenu est nécessaire pour rentabiliser ce pass.

London Pass : 1 j. à 75 £ (enfant 55 £), 2 j. à 99 £ (enfant 75 £).
● **Achat en ligne sur www.londonpass.fr**

et en sortant des stations. Le prix des trajets varie en fonction des zones traversées et du moment de la journée, une façon de vous encourager à circuler en dehors des heures de pointe ou *peak hour* (lun.-ven. 6h30-9h30 et 16h-19h). Londres compte 6 zones, mais l'essentiel des attractions touristiques se trouve en zones 1-2. Quel que soit le nombre de trajets effectués dans une journée, vous ne dépenserez pas plus de 6,80 £ par jour, en voyageant en zones 1-2 (12,50 £ si vous allez jusqu'en zone 6).
L'Oyster Card n'a pas de limite de validité. Si vous ne prévoyez pas de revenir à Londres, vous pouvez vous faire rembourser le crédit restant en fin de séjour via une borne automatique jusque 10 £, ou via une procédure expliquée en ligne pour les montants supérieurs, ce qui annulera la carte.
● La **Visitor Oyster Card** (reconnaissable aux photos qui remplacent l'aplat bleu de l'Oyster Card classique) a été développée spécialement pour les touristes. Elle coûte 5 £ (qui, eux, sont non remboursables). Elle offre des réductions dans certains musées, attractions, restaurants, boutiques. Elle peut être achetée une fois à Londres, mais aussi aux bars des Eurostar ou commandée en ligne sur www.visitbritainshop.com (frais de livraison par envoi, en 3 à 5 jours ouvrés : 15 € ; 5 à 8 jours ouvrés : 6,99 €). Au-delà de ces différences, elle fonctionne comme l'Oyster Card classique.

• Les **cartes bancaires disposant du paiement sans contact** peuvent désormais être utilisées comme une Oyster Card. Attention néanmoins aux éventuels frais retenus par votre banque (appliqués une fois par jour et non à chaque voyage).

• **Travel card.** La **Day travel card** est une carte papier qui permet de voyager à volonté durant la journée de l'achat, pour 12,70 £ (zones 1-6). Financièrement, elle n'est pas du tout intéressante. Des formules de **travel cards** valables 7 jours peuvent être chargées sur les Oyster Cards classiques (35,10 £ pour les zones 1-2).

LE *TUBE* (MÉTRO)

Le métro ou *tube* est le moyen le plus rapide et le plus simple pour se déplacer dans Londres. Le réseau est constitué de **13 lignes identifiées par un nom et une couleur.** Les trains et les quais sont désignés selon les directions de la ligne : *eastbound, westbound, northbound* et *southbound* (est, ouest, nord et sud). Une nouvelle ligne, la Elisabeth Line, couleur lilas, entrera partiellement en service fin 2019 et sera entièrement terminée courant 2021. Il y a aussi le **Docklands Light Railway (DLR),** un métro automatique desservant l'est et le sud de Londres, de la City (station Bank) à Canary Wharf et Greenwich.

En règle générale, le métro circule de **5h30 à 0h30 du lundi au samedi et de 7h à 23h30 le dimanche.** Les lignes Central, Victoria, Jubilee, Piccadilly et Northern Lines sont ouvertes toute la nuit les vendredis et samedis *(night tube)*. Attention, le week-end, de nombreuses stations et parfois des lignes entières sont fermées pour travaux. À noter également : le 25 décembre, le réseau de transports publics (métro, trains, DLR, trams) ne fonctionne pas.

LES BUS

Les bus sont certes moins rapides que le métro, mais ils permettent de découvrir la ville tranquillement, et avec un peu de hauteur si vous vous asseyez à l'étage supérieur des célèbres bus rouges à impériale. Certaines lignes passent par les monuments emblématiques de la ville et vous permettront de faire une sorte de visite guidée, à la fois plus économique et plus authentique que dans les bus touristiques.

Désormais, on ne peut plus acheter son billet à bord. Il faut utiliser le *pass Oyster Card* ou une carte de paiement sans contact (1,50 £ avec correspondance pendant 1 h). Là encore, quel que soit le nombre de trajets effectués dans une journée, au final, votre pass sera débité au maximum de 6,80 £ par jour, en voyageant en zones 1-2 (12,50 £ si vous allez jusqu'en zone 6). Si vous ne pensez pas emprunter le métro, vous pouvez acheter un *Bus Pass* (1 j. pour 5, 7 j. pour 21,20 £).

Les anciens bus à impériale des années 1950, appelés Routemaster, sont encore en service sur les lignes 9 (Trafalgar, Piccadilly, Hyde Park, Royal Albert Hall) et 15 (tour de Londres, la City, cathédrale Saint-Paul, Trafalgar Square, Piccadilly, Marble Arch). Pour le confort moderne, empruntez la ligne 24 à la découverte de Trafalgar Square, Whitehall, Big Ben, l'abbaye, le palais et la cathédrale de Westminster. Le 390 relie le British Museum à Notting Hill en passant par Oxford St. et Hyde Park.

Bon à savoir

Heure locale
L'Angleterre est sur le méridien de Greenwich, mais ne suit pas le Greenwich Mean Time (GMT) toute l'année. D'avril à octobre, le pays avance d'une heure par rapport au GMT. Ainsi, quelle que soit la période, il est toujours une heure plus tôt en Angleterre qu'en France.

Le charabia des poids et mesures
Les Anglais utilisent désormais le système métrique, mais sans avoir abandonné le système impérial, créé en 1824 et référence dans tout l'Empire britannique. Une double indication figure sur les produits ; si ce n'est pas le cas, voici quelques conversions utiles :

1 *inch* (pouce, in) = 2,5 cm et 1 cm = 0,39 *inch* • 1 *foot* (pied, ft) = 30 cm 1 *yard* (yd) = 91 cm • 1 *mile* (mi) = 1,6 km • 1 *pint* (pinte, pt) = 0,57 l et 1 l = 1,75 *pint* • 1 *stone* (st) = 6,3 kg

Voltage
Le courant en Angleterre est de 240 volts. Prévoyez un adaptateur à trois fiches pour vos appareils électriques.

Écrire et téléphoner
Vous pouvez acheter des timbres dans les bureaux de poste *(Post Office)* ou chez les marchands de journaux qui indiquent *Stamps sold here*. L'affranchissement d'une carte postale pour l'Europe coûte 1 £ (jusqu'à 20 g). Les boîtes à lettres sont rouges et faciles à repérer. Pour téléphoner à Londres depuis la France, composez le 00 44 suivi du numéro de votre correspondant sans le 0. Pour appeler dans Londres, composez l'indicatif 020, puis les 8 chiffres du numéro. Enfin, pour téléphoner en France, il faut composer le 00 33, puis le numéro de votre correspondant sans le 0 initial.

Numéros d'urgence
☎ 112 ou ☎ 999 (police, ambulance ou pompiers).

À partir de minuit, le relais est assuré par les bus de nuit signalés par un « N » devant le numéro de la ligne. D'une manière générale, il faut faire signe au conducteur pour arrêter l'autobus et toujours monter par l'avant. Aux arrêts de bus, une loi non écrite et plutôt respectée veut que les premiers arrivés soient les premiers montés, en dehors des personnes prioritaires.

À VÉLO

Nous conseillons aux cyclistes déjà initiés aux dangers de la circulation en ville de louer un vélo pour visiter la capitale (il faut environ 25 min pour rejoindre le V&A au sud depuis le British Museum au nord, contre 40 min en métro !). En centre-ville, la circulation automobile est dense et les pistes cyclables, en constante augmentation... Mais les automobilistes peuvent être dangereux et irrespectueux. Le système Santander Cycle de vélos en libre-service dans le centre-ville est très prisé par les Londoniens. La location se fait par carte bancaire à la borne des stations (2 £ par jour plus le coût de l'utilisation (gratuit les 30 premières minutes, puis 2 £/30 min). D'excellentes cartes indiquant les voies les plus rapides et les plus tranquilles sont disponibles dans les centres d'informations touristiques (p. 221). Pour tout renseignement complémentaire en français : www.tfl.gov.uk

EN TAXI

C'est le moyen le plus flexible pour voyager dans Londres, mais pas le plus rentable, à moins de voyager à plusieurs. Il existe deux types de taxis : le black cab – aujourd'hui de toutes les couleurs – et le minicab. Le black cab est le seul que vous pouvez héler dans la rue ou emprunter à une station. Il est muni d'un compteur et d'une lampe jaune « TAXI » allumé quand il est libre (for hire). La prise en charge s'élève à 3 £, mais il n'y a aucune surtaxe pour un passager ou un bagage supplémentaires. Le compteur calcule ensuite le prix en fonction de l'heure de la journée, de la distance parcourue et de la vitesse du taxi. Un parcours de 10-20 min vous coûtera en journée entre 9,20 et 14,80 £, entre 10,60 et 15 £ la nuit. Le minicab est un VTC appartenant à un opérateur dûment licencié. Il est moins cher, mais vous devrez réserver pour l'emprunter. Pour les longs trajets du type transfert depuis ou vers un aéroport, c'est la formule la plus économique. Aux côtés des grandes compagnies comme Addison Lee, Uber ou Kapten, il existe des minicabs indépendants que votre hôtel pourra vous recommander. Le trajet du centre de Londres à l'aéroport de Stansted, par exemple, vous coûtera 50-60 £ contre 80-90 £ en black cab. Informations et vérification de la licence du taxi : ☎ 0343 222 40 00 ou ☎ 0207 222 12 34 • Centrale de résa des black cabs : ☎ 0871 871 87 10.

EN VOITURE

Nous vous déconseillons d'utiliser une voiture en centre-ville. Le stationnement est difficile et cher, et vous devrez en plus vous acquitter de la **Congestion Charge,** une taxe de 11,50 £ par jour pour circuler dans le centre (de 7h à 18h en sem.). À cela s'est ajoutée la **T-Charge** (ou ULEZ), pour les véhicules les plus polluants. Renseignements : www.tfl.gov.uk

À VOIR, À FAIRE

CENTRES D'INFORMATIONS TOURISTIQUES (TIC)

Vous trouverez des **TIC** aux stations de métro Piccadilly Circus (t.l.j. 9h-16h) et Liverpool St. (t.l.j. 8h-18h), aux gares de Victoria (t.l.j. 8h-18h) et Euston (t.l.j. 8h-18h), à la station de métro de l'aéroport d'Heathrow terminaux 2-3 (t.l.j. 7h30-20h30) et dans le hall d'arrivée de l'Eurostar à St Pancras (t.l.j. 8h-18h). Ils sont très utiles pour vous procurer une Oyster Card, un plan des réseaux de bus ou de métro, ou des billets pour les attractions majeures de Londres.

BILLETTERIE

Les **horaires de fermeture des billetteries** sont parfois différents des horaires de fermeture indiqués dans ce guide. Il n'est pas impossible que celles-ci ferment 30-45 min avant la fermeture « officielle » (c'est le cas par exemple pour la Queen's Gallery

Jours fériés

On compte huit jours fériés *(bank holidays)* par an : Nouvel An, Vendredi saint, lundi de Pâques, 1er et dernier lundis de mai, 1er lundi d'août, Noël et Boxing Day (26 décembre).

Aucun transport public ne fonctionne le 25 décembre et le service est réduit pour le *Boxing Day.* Les musées sont généralement fermés ces deux jours, mais les autres jours fériés auront peu d'impact sur votre visite (musées et boutiques adoptent parfois simplement leur horaire du dimanche).

et le Royal Mews à Buckingham Palace). Pensez à vous renseigner avant et évitez d'arriver à la dernière minute ! Et pour bénéficier des **meilleurs tarifs à l'entrée** des grandes attractions de la capitale, préférez la réservation en ligne : en fonction du jour et de l'heure de votre visite, vous pouvez payer jusqu'à 50 % de moins et vous **éviterez les longues files d'attente**.

VISITES GUIDÉES

Il y a mille façons d'explorer Londres. Renseignez-vous aux **Tourist Information Centres,** l'offre est impressionnante. Voici quelques pistes...

En bus à impériale
The Big Bus Company
• ☎ 0207 808 67 53
• www.bigbustours.com
The Original London Sightseeing Tour
• ☎ 0208 877 17 22
• www.theoriginaltour.com

Croisière sur la Tamise
Les **Thames Clippers**
(**www.thamesclippers.com**)
utilisés par les Londoniens pour
leurs déplacements quotidiens
sont bien plus économiques que
les bateaux touristiques. Les
départs ont lieu toutes les 20 min
(lun.-ven. 6h58-23h08, sam.-
dim. 9h33-23h08) depuis les
embarcadères d'Embankment, de
London Eye, London Bridge, Tower
Millennium (Tower of London),
Canary Wharf, Greenwich et Royal
Arsenal Woolwich. D'Embankment,
comptez 15 min pour rejoindre la
Tower of London et 35 min pour
Greenwich. Trois options : acheter
vos billets à prix plein au guichet
ou bénéficier d'un tarif réduit en
achetant en ligne ou en utilisant
votre Oyster Card. Le ticket coûte
entre 8,70 et 10,30 (7-9 £ avec
l'Oyster Card) selon le trajet. Les
enfants (5-15 ans) bénéficient d'une
réduction de 50 % (au guichet).
Le **Family River Roamer Ticket**
(35,60 £ en ligne, 39,60 £ au
guichet) permet à une famille
(2 adultes et jusqu'à 3 enfants)
d'emprunter les Thames Clippers de
façon illimitée pendant une journée.
Pratique : la ligne **Tate to Tate**
relie la Tate Britain (Millbank
Pier) à la Tate Modern (Bankside
Pier) en 15 min (contre 45 min
en métro) avec un départ toutes
les 40 min pendant les heures
d'ouverture des deux musées
(ticket : 8,60 ou 7 £ avec
l'*Oyster Card*).

Pour les **croisières touristiques**
(commentaires en anglais,
mais possibilité d'audioguide
en français) :
City Cruises
☎ 0207 740 04 00
• www.citycruises.com
London Eye River Cruise
www.londoneye.com/fr

Parcours thématiques à pied
Londres Insolite
londresinsolite@gmail.com -
londresinsolite.com
Expatrié à Londres, Laurent
organise des visites en français
autour de sa passion, la musique
(Bowie, Beatles, Rolling Stones,
etc.) ainsi que dans le quartier
de Hampstead.
Blue Badge
www.bluebadgeguides.london
Les guides officiels de la ville,
formés durant 2 ans, sont
appelés les « Blue Badges ».
Certains parlent français.
The Original London Walks
☎ 0207 624 39 78
• www.walks.com
Visites sur de très nombreux
thèmes (10 £, pas de réservation) :
street art, les Beatles, *Harry Potter*,
The Crown, l'espionnage, etc.
Les visites se font en anglais
sauf un tour Jack l'Éventreur en
français, le vendredi à 19h (12 £).

ET LE BUDGET ?

Londres est l'une des villes les plus chères d'Europe, en particulier pour les hôtels, mais il est tout à fait possible de bien manger à bon marché. D'une manière générale, les attractions privées et les musées royaux sont très chers (27 £ pour le London Eye, 27,50 £ pour la Tower of London). Vous pourrez en revanche profiter de la gratuité des plus grands musées (les expositions temporaires sont payantes) : British Museum, National Gallery, Tate Britain, Tate Modern, Natural History Museum, National Portrait Gallery, V&A, etc.

COMMENT PAYER ?

La monnaie anglaise est la livre sterling ou pound (£), 1 £ valant 100 pence (penny au singulier). 1 £ s'échange contre env. 1,12 € (juin 2019).
Les banques sont ouvertes de 9h30 à 16h30 du lun. au ven. (certaines ouvrent le sam., parfois le dim.). Vous pouvez changer vos devises dans les agences de voyages et les bureaux de change ou à l'accueil des grands hôtels (mais le taux de change ne vous y sera pas favorable).

Chequepoint
71 Gloucester Rd (A4)
• Mº Gloucester Rd • T.l.j. 24h/24.

Les cartes de paiement Visa, MasterCard et American Express sont acceptées partout. Le plus simple est encore de retirer de l'argent aux nombreux distributeurs automatiques (ATM), mais en cas de retrait ou de paiement par carte bancaire votre banque peut prélever un montant fixe ainsi qu'une commission (jusqu'à 3 % de la somme). N'hésitez pas à vous renseigner auprès de votre établissement bancaire. En cas de perte ou de vol, appelez le centre d'opposition correspondant à votre carte (notez au préalable le numéro à 16 chiffres et la date de validité) :
• Visa : ☎ 0800 89 17 25
• Eurocard, MasterCard :
☎ 0800 964 767
• American Express : ☎ 01 47 77 72 00.

Astuces petit budget

L'entrée de certaines attractions fait parfois frôler la crise cardiaque... Contournez-les ! À défaut de monter dans les hauteurs de Saint-Paul, filez à **One New Change**, le centre commercial juste en face. La terrasse, au tout dernier étage, offre une vue imprenable sur le monument. De même, le **Sky Garden** (p. 67) offre un panorama splendide sur tout Londres, Tower Bridge, la Tamise et The Shard compris... sans avoir à débourser un penny. Enfin les **Thames Clippers** (ci-contre) permettent de profiter de la Tamise pour bien moins cher qu'une croisière...

Nos hôtels
PAR QUARTIER

Westminster, Big Ben & Buckingham Palace (Quartier 1 - p. 26)

THE SANCTUARY HOUSE HOTEL

L'adresse pour dormir à l'ombre de Westminster Abbey sans trop se ruiner. Chambres au-dessus du pub… qui ferme à 23h.
33 Tothill St. (C4) • M° St James's Park
• ☎ 0207 799 40 44
• www.sanctuaryhousehotel.co.uk • De 160 à 295 £ (petit déj. compris).

LUNA SIMONE HOTEL

La déco n'est pas vraiment dernier cri, mais l'hôtel est très bien tenu et à 5 min à pied de la Tate Britain et de Victoria Station.
47-49 Belgrave Rd (B4-5)
• M° Pimlico
• ☎ 0207 834 58 97
• www.lunasimonehotel.com
• De 90 à 155 £.

Marylebone & Regent's Park (Quartier 4 - p. 44)

22 YORK STREET B&B

Un B&B épatant qui offre 10 chambres dans une sublime maison georgienne. Celle-ci a

été décorée avec grand goût par Liz et Michael Callis.
22 York St. (B2) • M° Baker St.
• ☎ 0207 224 29 90
• www.22yorkstreet.co.uk • 165 £.

Soho & Carnaby Street (Quartier 5 - p. 48)

DEAN STREET TOWNHOUSE

39 chambres élégantes et confortables situées au cœur de Soho.
69-71 Dean St. (H7) • M° Leicester Square • ☎ 0207 434 17 75
• www.deanstreettownhouse.com
• De 145 à 445 £ (petit déj. 19 £ à la carte).

HAZLITT'S

Cet établissement occupe trois maisons du XVIIIe s. L'hôtel préféré de nombreux artistes venant du monde entier.
6 Frith St. (H7) • M° Tottenham Court Rd • ☎ 0207 434 17 71
• www.hazlittshotel.com
• De 200 à 350 £ (petit déj. 11,95 £).

Covent Garden (Quartier 7 - p. 56)

FIELDING

Hôtel sur une rue calme à deux pas de Covent Garden.
Broad Court, Bow St. (I7) • M° Covent Garden • ☎ 0207 836 83 05 www.thefieldinghotel.co.uk • De 120 199 £ (petit déj. non compris).

H CLUB

Des chambres design chaleureuses et colorées dans un club privé à l'ambiance arty.
24 Endell St. (I7) • M° Covent Garden • ☎ 0207 70 91 00 • www.hclub.com • À partir de 250 £ (petit déj. non compris).

Holborn & le British Museum (Quartier 8 - p. 60)

THE RIDGEMOUNT HOTEL

Une pension familiale conviviale logée dans une maison georgienne.
65-67 Gower St. (C2) • M° Goodge St. • ☎ 0207 636 11 41 • www.ridgemounthotel.co.uk • De 90 à 122 £.

Clerkenwell (Quartier 10 - p. 72)

FOX AND ANCHOR

Six chambres luxueuses au-dessus d'un excellent gastropub.
5 Charterhouse St. (D2) M° Farringdon • ☎ 0207 250 13 00 www.foxandanchor.com • De 135 à 291 £ (petit déj. de 12 à 19,50 £).

THE ZETTER

Ambiance design pour cet hôtel chic et branché.
86-88 Clerkenwell Rd (D2) • M° Farringdon • ☎ 0207 324 45 67 • www.thezetter.com • De 195 à 380 £ (petit déj. continental 15,50 £, English breakfast 12 £).

Spitalfields Market & l'East End (Quartier 11 - p. 76)

THE HOXTON HOTEL

208 chambres au style chic industriel et à l'équipement moderne.
81 Great Eastern St. (E2) M° Old St. • ☎ 0207 550 10 00 www.thehoxton.com • De 159 à 259 £.

SHOREDITCH ROOMS

Ce club privé de Shoreditch est aussi un petit hôtel très raffiné.
Shoreditch House Ebor St. (E2) • M° Old St. • ☎ 0207 739 50 40 • www.shoreditchhouse.com • De 285 à 415 £ (English breakfast de 9 à 13 £).

Tower Bridge et Tower of London (Quartier 12 - p. 80)

Citizen M - Tower of London

encadré partenaire

Cette chaîne a mixé des services de boutique hôtel haut de gamme et des astuces d'hôtel budget. Résultat : les parties communes sont chaleureuses et design, et les chambres sont petites, mais extrêmement bien pensées (et connectées). Une seule catégorie de chambre, dont le tarif varie en fonction de la fréquentation. Luxe abordable : pour 19 £ par nuit, offrez-vous le supplément « vue sur la Tour de Londres ».

40 Trinity Square (E3) • Mᵒ Tower Hill • ☎ 0203 519 48 30 • www.citizenm.com • De 78 à 230 £ (petit déj. 13,95 £).

Knightsbridge (Quartier 15 - p. 92)

NUMBER SIXTEEN

Un hôtel de 41 chambres adorables dans un style *British* moderne.

16 Sumner Pl. (A4-5) • Mᵒ South Kensington • ☎ 0207 589 52 32 • www.firmdalehotels.com • De 350 à 400 £ (petit déj. à 16 £, *English breakfast* 18 £).

Chelsea & King's Road (Quartier 16 - p. 96)

THE STUDIOS@82

Studios de 2 à 5 personnes. Idéal pour un week-end en amoureux ou entre amis. 82 Ebury St. (B4-5) • Mᵒ Victoria • ☎ 0207 259 85 70 • www. bb-belgravia.com • De 89 à 140 £.

SAN DOMENICO HOUSE

Un établissement de luxe aux chambres classiques et raffinées. 29-31 Draycott Pl. (A5/B5) • Mᵒ Sloane Square • ☎ 0207 581 57 57 • www. sandomenicohouse.com • De 220 à 320 £ (petit déj. à partir de 18 £).

B+B BELGRAVIA

)éco moderne et minimaliste
)our ce B&B du XXIᵉ s.

64-66 Ebury St. (B4-5) • Mᵒ Victoria
• ☎ 0207 259 85 70 • www.
bb-belgravia.com • De 100 à 200 £.

Kensington & Notting Hill (Quartier 17 - p. 98)

THE PORTOBELLO HOTEL

)n s'évade dans des
:emps victoriens ou des
:ontrées exotiques.
2 Stanley Gardens (HP par A3)
Mᵒ Notting Hill Gate
☎ 0207 727 27 77 • www.
ortobellohotel.com • De 195 à 400 £.

NEW LINDEN HOTEL

Une adresse à prix très
modérés dans le Notting Hill
des villas pour millionnaires.
59 Leinster Square (HP par A3)
• Mᵒ Bayswater • ☎ 0207 221 43 21
• www.newlinden.com • De 60 à 195 £.

King's Cross (Quartier 18 - p. 102)

CLINK 78

:ette auberge de jeunesse *(hostel)*
noderne est parfaite pour les
)etits budgets. On peut y réserver
iussi bien un lit en dortoir qu'une
:hambre privée. Un autre Clink

est situé à quelques minutes,
au 261-265 Grays Inn Road.
78 King's Cross Rd (C2)
• Mᵒ King's Cross
• ☎ 0207 183 94 00
• www.clinkhostels.com
• Chambre pour 3 de 40 à 90 £.

Greenwich (Quartier 22 - p. 116)

NUMBER 16

)ans le village de Greenwich,
in B&B tenu par le fantasque
Robert Gray au goût très sûr.

16 St Alfege Passage (HP par F5)
• Mᵒ Cutty Sark (ligne DLR)
• ☎ 0208 853 43 37
• www.st-alfeges.co.uk
• 125 £.

Index

Lexique

EXPRESSIONS USUELLES

Au revoir : *goodbye*
Boire : *to drink*
Bonjour (le matin) : *good morning*
Bonjour (l'après-midi) : *good afternoon*
Bonsoir : *good evening*
C'est trop cher : *it is too expensive*
Combien cela vaut-il ? : *how much is it ?*
Comprenez-vous ? : *do you understand ?*
Excusez-moi : *excuse me*
Je ne comprends pas : *I don't understand*
Je veux : *I want*
Je voudrais : *I would like*
Manger : *to eat*
Merci : *thank you*
Parlez-vous le français ? : *can you speak French ?*
S'il vous plaît : *please*

ESPACE ET TEMPS

À demain : *see you tomorrow*
Après : *after*
Aujourd'hui : *today*
Avant : *before*
Demain : *tomorrow*
Hier : *yesterday*
Maintenant : *now*
Minute : *minute*
Où : *where*
Quand : *when*
Quart d'heure : *quarter of an hour*
Quelle heure est-il ? : *what time is it ?*
Tard : *late*
Tôt : *early*

SHOPPING

Argent : *money*
Argent (matière) : *silver*
Bottes : *boots*
Boutique : *shop*
Ceinture : *belt*
Chapeau : *hat*
Chaussettes : *socks*
Chaussures : *shoes*
Chemise : *shirt*
Coton : *cotton*
Cravate : *tie*
Cuir : *leather*
Dentelle : *lace*
Drap : *sheet*
Étiquette : *tag*
Grand magasin : *department store*
Imperméable (manteau) : *raincoat*
Jouet : *toy*
Jupe : *skirt*
Laine : *wool*
Lin : *linen*
Livre : *book*
Marché : *market*
Mode : *fashion*
Nappe : *tablecloth*
Or : *gold*
Pointure : *size*
Prix : *price*
Pull-over : *jumper*
Robe : *dress*
Sac : *bag* (sac à main : *hand bag*)
Serviettes : *napkins*
Soie : *silk*
Soldes : *sales*
Sous-vêtements : *underwear*
Supermarché : *supermarket*
Taie d'oreiller : *pillow case*
Veste : *jacket*

À LA DOUANE

Carte d'identité : *identity card*
Devises étrangères : *foreign currency*
Douanier : *customs agent*
Objets personnels : *personal effects*
Passeport : *passport*
Rien à déclarer ? : *nothing to declare ?*

À L'HÔTEL

Avez-vous des chambres ? : *do you have any accommodation available ?*
Je voudrais une chambre : *I would like a room*
Lit à deux places : *double bed*
Quel est le prix ? : *what is the price ?*
Réservation : *booking*
Salle de bains particulière : *private bathroom*
Une chambre à un lit : *single-bedded room*
Une chambre à lit double : *double-bedded room*
Une chambre à deux lits : *twin-bedded room*

AU RESTAURANT

Addition : *bill*
Assiette : *plate*
Bière : *beer*
Bœuf : *beef*
Boisson sans alcool : *soft drink*
Boisson alcoolisée : *drink*
Bouteille : *bottle*
Côtelette : *chop*
Couteau : *knife*
Cuillère : *spoon*
Déjeuner : *lunch*
Dessert : *sweet course*
Dîner : *dinner*
Eau : *water*
Fourchette : *fork*
Fromage : *cheese*
Garçon : *waiter*
Menu : *menu*
Pain : *bread*
Petit déjeuner : *breakfast*
Repas : *meal*
Salade : *salad*
Service compris : *service included*
Viande : *meat*
Vin : *wine*

CRÉDIT PHOTOGRAPHIQUE

Intérieur

Toutes les photographies de cet ouvrage ont été réalisées par Jérôme Plon, à l'exception de celles des pages suivantes :

Jean-Christophe Godet : p. 7 (h.), p. 8 (b.), p. 9 (b.), p. 28, p. 34, p. 38, p. 57, p. 65, p. 68, p. 70, p. 87, p. 94, p. 100, p. 113, p. 164, p. 180, p. 187, p. 207.

Romain Boutillier : p. 6 (b.), p. 7 (c.), p. 8 (h.), p. 9 (c.), p. 17, p. 23, p. 33, p. 49, p. 55, p. 62, p. 69, p. 78, p. 81, p. 82, p. 83, p. 111, p. 113, p. 158 (b.), p. 158 (h.), p. 205.

Patrice Hauser : p. 12 (c.), p. 13 (c.), p. 24, p. 31, p. 35, p. 41, p. 117, p. 119, p. 124, p. 138, p. 147, p. 157.

Peggy Dion : p. 11 (h.), p. 67, p. 107, p. 131.

Céline Fion : p. 3 (h.).

AdobeStock : dade72 : p. 88 ; zlikovec : p. 71.

Alamy / Hemis © Robert Stainforth : p. 112.

© Nigel Young / Foster + Partners : p. 9 (h.), p. 84.

Hemis.fr : Jon Arnold : p.1, p. 37 ; Novarc Images : p. 192 ; Philippe Renault : p. 50.

Photononstop : Émilie Chaix : p. 4.

Shutterstock : Cedric Weber : p. 73 ; Fritz16 : p. 18 ; ElenaChaykinaPhotography : p. 10 ; Nikos Sotirakos : p. 8 (c.) ; Paolo Paradiso : p. 202, p. 203.

Nous adressons nos remerciements à tous les établissements suivants pour leur aide précieuse :

ArcelorMittal Orbit : p. 13 (h.) ; Bar Temini / Mattia Pelizzari : p. 162 ; Eating Europe : p. 12 (h.) ; Iris & June : p. 123 ; MHhotels/Richard Powers : p. 226 ;.Rooftop Film Club : p. 11 (b.) ; Secret Adventures/Jon Collins : p. 15 (b.) ; Sir John Soane's Museum : p. 12 (b.), p. 63 ; Sky Garden/Rhubarb : p. 14 (ht).

Couverture

Plat 1 : @ournextflight (haut) ; Jon Arnold Images /hemis.fr (bas).

Plat 4 : Romain Boutillier (haut) ; Jérôme Plon (bas)

Dernière édition revue et enrichie par **Céline Fion.**
Éditions antérieures revues et augmentées par **Coralie Grassin, Bertrand Lauzanne**
et **Natasha Penot.**
Édition originale établie par **Sarah de Haro** avec **Catherine Laughton.**

Direction : Nathalie Bloch-Pujo
Direction éditoriale : Cécile Petiau
Édition : Marine Barbier-Blin, Camille Dupont, Émilie Lézénès, Géraldine Péron,
Adam Stambul, Julie Woods
Suivi éditorial : Peggy Dion
A également collaboré à cet ouvrage : Emma Lecadre
Cartographie : Frédéric Clémençon et Aurélie Huot
Fabrication : Liza Sacco

Conception graphique de la couverture
et de la maquette intérieure : Caroline Joubert • www.atelier-du-livre.fr

Contact presse : rmazef@hachette-livre.fr - ☎ 01 43 92 36 66
Contact publicité : vhabert@hachette-livre.fr - ☎ 01 43 92 32 52

Aussi soigneusement qu'il ait été établi, ce guide n'est pas à l'abri des changements
de dernière heure, d'erreurs ou omissions. Ne manquez pas de nous faire part
de vos remarques. Informez-nous aussi de vos découvertes personnelles,
nous accordons la plus grande importance au courrier de nos lecteurs :
Guides Un Grand Week-end - Hachette Tourisme - 58, rue Jean-Bleuzen, 92 170 Vanves
weekend@hachette-livre.fr
Facebook @GuidesUnGrandWeekend • Instagram @ungrandweekend
• Twitter @ungrandweekenda

Édité par Hachette Livre (58, rue Jean-Bleuzen, CS 70007, 92 178 Vanves Cedex)
Imprimé par Polygraf (Capajevova 44, 08199 Presov, Slovaquie)
Achevé d'imprimer : septembre 2019
ISBN : 978-2-01-706345-2 - 20-2569-9
Dépôt légal : octobre 2019 - Collection n°44 - Édition : 01